La vie d'une femme
a deux visages

Anna CHOCOLAT

La vie d'une femme a deux visages

ISBN : 979-10-326-0399-4
Dépôt légal : février 2018

Un amour peut en cacher un autre…
Soyez heureux.
Anna

Chers lecteurs,

À travers ce premier roman (oui, s'il vous plaît, je vous demande d'être indulgents 😊), je vais vous conter l'histoire de quatre femmes que l'on dit « dans la fleur de l'âge ». Ces dernières se dévoilent et nous livrent tout un tas d'astuces et d'anecdotes sur les complexes relations entre hommes et femmes. Ces expériences, je les ai observées de près ou de loin. Ce sont celles de mes amies ou de connaissances qui ont bien voulu me confier leurs histoires lors de discussions enrichissantes. Bien sûr, ces situations n'ont pas été rencontrées par une seule et même personne, et les traits de caractère ou les péripéties vécues sont issus de plusieurs femmes. Cela fait tout le miel de ces épisodes de vie…

J'ai pris soin de ne pas, ou peu, enjoliver les histoires que l'on m'a rapportées. Aussi, amusez-vous, ne jugez pas, prenez plaisir et souriez en me lisant ; c'est la meilleure des récompenses que vous pourriez m'accorder.

On se retrouve à la fin.
Anna Chocolat

Nous sommes en septembre 2014. Quatre femmes, venant d'univers différents et connaissant des situations variées, vont faire connaissance et se trouver bien plus de points communs qu'elles ne le pensaient au départ.

Nous allons prendre le temps de présenter chacune d'entre elles et d'exposer les circonstances de leurs rencontres.

Pour commencer, **Sabine** et **Anne**, deux femmes de style et d'âge différents, s'étaient donné rendez-vous à la terrasse d'un café. Il faisait un temps splendide et la température était encore douce en cette fin d'après-midi à Paris. Les touristes et les Parisiens se promenaient, les uns à la découverte de la ville, les autres en sortant du bureau. Les terrasses étaient bondées de monde ; autour d'un verre, des amoureux se souriaient, des hommes d'affaires parlaient business et, dans un petit coin tranquille, nos deux amies refaisaient le monde.

Anne, âgée de quarante et un ans, était une grande blonde aux yeux verts et semblait naturellement pétillante. Consultante dans une grande boîte parisienne, elle habitait Montfort-l'Amaury avec son mari et ses trois enfants – deux filles et un garçon, de deux, quatre et six ans. Elle filait le parfait amour depuis une dizaine d'années avec Wilfrid, consultant en placements immobiliers à son compte. Ce jour-là, elle portait une petite robe rose, avec un léger décolleté, qui la mettait en valeur.

Quant à Sabine, il s'agissait d'une petite brunette de cinquante ans qui divorçait actuellement d'un certain Marc. Physiquement, elle avait belle allure. Elle avait les cheveux noirs, les yeux bleus, et arborait un style BCBG, plutôt classe. Habillée avec très bon goût, elle assumait parfaitement ses rondeurs. Son mari et elle avaient eu ensemble des jumeaux, deux garçons qui avaient aujourd'hui dix-huit ans, et ils vivaient à Rambouillet. La justice étant ce qu'elle est et les procédures de conciliation compliquées, le divorce n'était pas encore prononcé, et chacun vivait chez soi avec l'un des jumeaux. Sabine travaillait dans une entreprise agroalimentaire, implantée dans la commune de Boulogne-Billancourt, depuis une vingtaine d'années. Aujourd'hui, elle se plaisait beaucoup dans son job, planificateur-approvisionneur pour les différents sites que la société avait dans toute la France. Elle était entièrement autonome et se sentait utile dans sa boîte.

Anne, quant à elle, avait été missionnée chez Wurth, l'entreprise où travaillait Sabine, pour restructurer son service qui tombait en désuétude. Malheureusement, comme dans bien des secteurs d'activité, sa société n'était plus adaptée au marché actuel. Des coupes franches devaient être faites mais, avant cela, la boîte de Sabine avait fait appel à des consultants pour regarder de près tous les postes méritant une adaptation au marché, notamment en raison de l'arrivée du numérique. C'était une mission longue :

six mois durant lesquels Anne travaillait aux côtés de Sabine. Au fur et à mesure des jours et des semaines passés ensemble, un début de complicité était né entre les deux femmes.

Anne n'avait pas le moral à cette terrasse aujourd'hui. La vie de couple étant comme celle des entreprises, fluctuante, elle devait sans cesse se renouveler et s'adapter au sein même de son foyer. Ce n'était que bien rarement un long fleuve tranquille. Et c'est dans ce contexte qu'Anne, inquiète, se décida ce midi à engager la discussion sur des sujets d'ordre un peu plus privé qu'à l'accoutumée.

— Sabine, on se connaît un peu maintenant. Tu connais dans les grandes lignes ma vie : tout semble aller pour le mieux. Et pourtant, il faut que je te fasse part d'une chose qui me terrorise…

— Oui, je t'écoute, dis-moi. Je te donnerai mon avis si tu le souhaites.

— Je crois que mon mari me trompe, lâcha Anne comme si ce qu'elle venait de dire était si lourd à porter que rien que de le formuler, elle se sentait déjà mieux.

— Ah. Qu'est-ce qui te fait dire cela ? demanda Sabine.

— Son comportement ! Son comportement a changé. Wilfrid est… disons… distant et surtout de plus en plus agressif. Il s'isole. Sans compter que, cet été, il allait quinze fois par jour aux toilettes avec son Smartphone. Je veux bien qu'il ait une prostate qui le travaille de manière prématurée, ironisa Anne, mais bon, c'est tout de même un peu tôt pour son âge. Et quand je lui en parle, il me répète souvent : « Mon Smartphone, c'est mon outil de travail. Je suis à mon compte ! » Je veux bien, répéta Anne. Maintenant, on peut recevoir ses mails de boulot sur son téléphone n'importe où et n'importe quand. On peut désormais emmener son bureau aux toilettes, tenta-t-elle de plaisanter. Mais son rythme, le nombre de fois où il se rend aux toilettes, lui, a changé, à mon sens.

— Vous devriez vous accorder un peu de temps à deux, lui rétorqua Sabine.

— C'est bien mon avis. Mais l'autre jour, quand je lui ai proposé de prendre une baby-sitter une fois par mois pour que nous puissions nous accorder du temps à deux, il n'a pas paru emballé plus que ça par l'idée. Il m'a répondu : « Non, je n'aime pas les trucs réguliers, obligés. Il vaut mieux que ce soit naturel ! » Mouais, tu parles… Tout le monde sait que si tu ne programmes rien, ça ne se fait jamais ! Sabine, je le sens, ce n'est pas normal… Tout ça n'est pas normal !

— Attention, Anne, ne tire pas de conclusions hâtives même si tout va à son encontre. Depuis combien de temps cela dure, à ton avis ?

— J'ai commencé à ouvrir les yeux et à faire attention à ce qu'il faisait depuis juillet dernier, mais je crois que c'est plus ancien. Un exemple, tiens. Nous avons fêté mon anniversaire le jour même à deux parce que j'ai insisté. Dès seize heures, j'ai commencé à lui demander si on sortait ou non le soir. Il était clair que ce n'était pas dans son programme. À tel point qu'il a fini par me dire : « Réserve ce que tu veux. » Nous sommes donc allés dîner, et je n'ai pas eu d'attention particulière de sa part : pas de cadeau, pas de fleurs, rien, nada. Ce n'est pas que j'attendais quelque chose d'extravagant mais tout de même, un petit truc, même symbolique. Il m'a dit, quand il a vu ma déception : « Tu ne comptais tout de même pas avoir un cadeau ? Tu as tout ce qu'il te faut ! » a-t-il ajouté.

— C'est plutôt mufle effectivement.

— J'y croyais pourtant encore. J'ai attribué ça au fait que nous devions fêter mon anniversaire la semaine suivante avec nos amis. Mais, même ce jour-là, rien. Bon, si, il a payé le restaurant. Il a été indélicat et lourd toute la soirée, même si je reconnais qu'en fin de compte je me suis bien amusée avec nos amis, et ce n'était pas grâce à lui ! Je ne sais pas si je psychote, Sabine, mais entre « Je t'ignore » et « Tu me fatigues à te faire des films », j'ignore ce que je préfère…

– Et comment se passent vos relations sexuelles, vos moments à deux ?

– Moyen, je dois dire… Il faut tout le temps que je réclame. Il est fatigué. Tu as déjà vu des femmes réclamer plus que leurs hommes pour faire l'amour, toi ? C'est le monde à l'envers !

– Anne, vu ce que tu m'expliques, je crains que tu aies raison. Mais le meilleur moyen de le savoir, c'est encore de lui demander, non ?!

– Je n'ai pas de preuve. Et puis, il ne m'avouera rien, comme cet été. Et si je me trompe, je vais envenimer la situation. Je deviens suspicieuse, limite j'ai envie de lui piquer son téléphone et de regarder ce qu'il y a dedans… Mais ça, ce n'est pas moi ! Je lui ai toujours fait confiance jusqu'à présent. Je sais que tu as vécu quelque chose de similaire, Sabine, mais comment t'en es-tu aperçue ? Comment la vérité a-t-elle explosé avec ton mari ?

– On peut dire que les technologies d'aujourd'hui font la vie dure à nos maris, répondit Sabine. Enfin, pour ceux qui sont infidèles ! Et c'est compter sans notre intuition féminine. Un jour, j'ai pris la tablette pour regarder mes mails et la session de mon mari n'était pas fermée. C'est là que je suis tombée de ma chaise… ou que le ciel m'est tombé sur la tête. C'est une drôle de sensation d'ailleurs. C'est comme si tu te retrouvais projetée dans la quatrième dimension. Tu es seule devant ces messages : ces messages d'une femme que tu ne connais pas, des messages d'amour. Et là, tu te dis que, non, ce n'est pas à destination de ton mari. Tu vérifies par deux fois qu'il n'y a pas d'erreur. Et, non, il n'y a pas d'erreur. C'est bien ton mari qui écrit et répond à cette inconnue, lui confiant qu'il l'aime et que la vie à la maison est dure. Le temps s'arrête sur un moment d'horreur. « Dure ?! Dure ?! » Toi, tu t'imaginais être à deux pour élever les enfants ; c'est dur, oui, mais à deux on est plus forts. Tout s'effondre à ce moment-là. Quand tu réalises que, non, vous ne formez pas l'équipe que tu croyais, à cet instant le château de cartes s'écroule. Ton monde, ta bulle éclate. Je lui ai fait une scène le soir même, je n'en pouvais plus. Je lui ai demandé de s'expliquer. Et là encore tu te dis : « Il va se mettre à genoux, pleurer, implorer… » Non, il te parle comme si c'était logique. Comme si tu devais sûrement t'y attendre, que c'était inévitable et prévisible, que tu aurais dû le voir venir. Et toi, tu retombes de ta chaise une deuxième fois. Moi qui croyais que nous étions heureux…

– Sabine, je suis désolée de remuer tout ça.

– Non, ne t'inquiète pas. Après tout, cela me fait du bien à moi aussi d'en parler, et c'est moins cher qu'une séance de psy, dit-elle avec le sourire. Mais rassure-toi, Anne, tu n'en es pas là. Il se peut que ce ne soit qu'une mauvaise passe. Tu dois éclaircir tout ça. Ruminer n'est jamais bon.

– Je sais. Je te remercie, Sabine. Ça m'a fait du bien d'en parler à quelqu'un. Pourvu que je me trompe…

– Je te le souhaite.

– Je vais continuer ma petite enquête…

– Très bien, mais attention : pas de déductions faciles. Reste factuelle, Anne.

– OK.

Sur ce, les filles réglèrent leurs cafés et repartirent travailler.

***

Dans cette même capitale, une autre jeune femme s'affairait à préparer le week-end qui arrivait.

Jessica avait trente-huit ans et était styliste à Paris. Elle avait les cheveux châtain clair et les yeux noisette. Elle n'était ni grosse ni fine, pas très grande non plus. Elle avait eu avec Antony, qui avait le même âge qu'elle, des jumelles, âgées aujourd'hui de cinq ans. C'était une femme posée dans son travail, mais son tempérament plutôt calme cachait une personnalité de feu et des penchants assez coquins… Antony et elle, étaient séparés depuis deux ans maintenant et se partageaient la garde des enfants. Tout se passait bien a priori.

On était samedi et c'était un week-end sans enfants qui commençait pour Jessica. Elle avait emmené les jumelles chez Antony après le petit déjeuner, ils avaient bu un café ensemble, puis elle était repartie. Elle avait des courses à faire dans un magasin de bricolage pour sa nouvelle maison, qu'elle venait d'acheter. Les rapports avec son ex-mari étaient très cordiaux. Ils n'avaient, tous les deux, personne de sérieux dans leur vie ; aussi, le jour où ce serait le cas, ils s'étaient promis de prévenir l'autre avant les enfants. En attendant, Jessica prenait du bon temps, avec les hommes aussi.

Ce soir, elle sortait avec **Claire**, son amie de fac et sa plus grande confidente. Âgée de trente-cinq ans, celle-ci était brune, petite, fine et avait les yeux bleus. Elle était dotée d'un charme fou que tout le monde s'accordait à lui trouver, sauf elle…

Elle souffrait d'un manque cruel de confiance en elle avec les hommes. Elle avait pourtant mis toute sa force de frappe dans son travail.

Directrice de communication respectée au ministère de la Défense à Paris, elle n'avait pas d'enfant et n'était pas en couple. Elle épuisait son temps libre à peaufiner ses dossiers, ce qui lui avait valu une belle carrière et une bonne situation, au détriment de sa vie personnelle qui se révélait peu palpitante. Les deux femmes s'entendaient très bien.

Une fois son maquillage parachevé et sa robe noire enfilée, Jessica rejoignit Claire au restaurant.

— Tu vas bien, ma chérie ? lui demanda Claire.

— Oui, ça va, répondit Jessica. J'ai un peu la pression au boulot pour réussir à tout boucler dans les délais qui me sont impartis et, en plus, je n'ai pas vraiment eu le temps de souffler avec les enfants cette semaine. Et toi alors ? Un homme en ce moment ? plaisanta Jessica.

— Entre deux campagnes de communication ? Non, pas vraiment. Pas du tout d'ailleurs.

— Mais comment fais-tu pour rester aussi longtemps sans homme ? lui demanda Jessica.

— Je ne sais pas. Je n'en ai pas vraiment besoin, je crois.

— Ça ne te manque pas d'avoir un peu de compagnie à la maison ?

— J'ai mon chat !

— Claire, s'il te plaît !

— Je crois que je me complais dans mon quotidien de célibataire. Je suis bien chez moi toute seule. Je ne dis pas que parfois cela ne me manque pas d'avoir un homme dans ma vie, mais c'est tellement bien aussi d'être autonome, de ne pas avoir besoin de me justifier pour rester au lit tout l'après-midi, si j'en ai envie, ni de demander l'autorisation à qui que ce soit pour sortir. Le luxe, quoi !

— Arrête, Claire, tu ne sors jamais !

— Je suis crevée, c'est tout… Et puis, de toute manière, il n'y aurait pas de place dans mes placards pour accueillir les affaires d'une deuxième personne. Bon, et toi ? Tu trouves toujours tes hommes sur des sites de rencontres ?

— Oui, lui répondit Jessica qui voyait bien que son amie s'agaçait devant son insistance. Et je peux te créer un profil si tu veux, ma chérie ?

Jessica connaissait bien Claire depuis toutes ces années. Elle savait aussi que, pour que les choses bougent en ce qui concernait Claire, il fallait la mettre dos au mur et la forcer à se rendre compte que le boulot n'était pas le domaine exclusif qui jouait un rôle dans son épanouissement. Claire avait déjà eu quelques relations, bien qu'elle n'ait pas vécu avec ces hommes, et elle avait déjà vu son visage s'éclairer par amour, même si son travail lui procurait beaucoup de plaisir aussi.

— Un jour peut-être, lui répondit Claire. Je vais y réfléchir, merci. Pour le moment, je n'ai pas la tête à ça.

— OK, n'hésite pas à me demander de l'aide si tu en as besoin. Tout le plaisir serait pour moi.

Le dîner fut enjoué, animé par des discussions sur leurs vies ou leurs boulots. Puis les desserts arrivèrent : carpaccio d'ananas pour l'une, panna cotta pour l'autre. La nuit commençait à tomber. Les serveurs allumèrent les bougies sur les tables.

— Alors, dis-moi, comment ça se passe avec les hommes que tu rencontres ? demanda Claire à Jessica.

« Une petite ampoule s'est donc allumée tout à l'heure », constata Jessica.

— Eh bien, le plus simplement du monde, sur Internet, depuis mon canapé. Tu remplis une fiche, avec quelques photos de toi si tu le souhaites, et tu peux écrire un petit mot sur ce que tu recherches pour ton profil.

— Et tu recherches quoi ?

— Des hommes, grands, chauves de préférence, et la quarantaine bien tassée, voire la cinquantaine.

— Mais tu as trente-huit ans ?!

— Oui, eh bien je préfère les hommes mûrs. Ils sont deux fois plus intéressants et, accessoirement, c'est important pour moi qu'ils aient des enfants.

— Pourquoi ? C'est plus galère à gérer avec vos deux emplois du temps pourtant, non ? lui demanda Claire.

— Oui peut-être, mais un homme qui a des enfants est plus à même de comprendre mes impératifs de maman.

— OK, je vois. C'est pertinent.

— Il comprendra aussi que j'aspire à avoir du temps pour moi, pour souffler, et que je n'aie pas envie qu'on soit constamment l'un sur l'autre. Ce qui n'est pas le cas de quelqu'un qui n'aurait que lui à qui penser tout le temps… sans vouloir t'offenser, ma chérie.

— Donc, grand, chauve, la quarantaine, et c'est tout ?

— C'est déjà pas mal, répondit Jessica en rigolant. Il faut aussi qu'il ait un minimum de conversation. Les relations sexuelles ne font pas tout.

— Tu veux dire que tu couches dès le premier rendez-vous ?

— Je n'ai pas dit ça mais parfois oui, confirma Jessica.

— Ça ne fait pas un peu « femme facile » ? Un peu…

— « Salope », tu veux dire ? la coupa Jessica. Peut-être pour toi, mais ce n'est pas mon point de vue. Nous n'avons plus vingt ans. On assume nos envies… enfin, moi oui.

— Tu dois avoir raison, consentit Claire, perplexe. Je dois me mettre trop de barrières, ou alors je suis trop vieux jeu. Et c'est toujours bien ou tu es parfois déçue ?

— La première fois n'est pas toujours représentative des capacités de l'autre. Il y a l'aspect « découverte » qui est sympa, mais on doit comprendre ce que l'autre aime pour lui faire plaisir. La deuxième fois est donc normalement mieux techniquement. Claire, franchement, cela ne te démange pas ? Depuis quand n'as-tu pas eu de relation sexuelle ?

– Un an.

– Un an ?

– Un an… Les premiers mois, ça me manquait, mais après non. On prend l'habitude, et puis il suffit de se concentrer sur autre chose, le travail par exemple.

– Tout de même, ma p'tite Claire, te contenter du « boulot-dodo », ce n'est pas raisonnable…

– Pour le moment, cela me convient à quatre-vingts pour cent.

– Très bien, alors fais-moi signe quand tu voudras combler les vingt pour cent restants, lui annonça Jessica, mi-ange, mi-démon.

Le serveur arriva et leur demanda si elles désiraient autre chose. Le dîner touchait à sa fin. Les filles décidèrent d'aller terminer la soirée chez Claire pour une séance vidéo. *Bridget Jones* s'invita à la fête. Un moment de partage complètement girly. Elles adoraient ça.

***

En ce lundi, Anne était de retour au travail. Le week-end s'était déroulé sans anicroche. Néanmoins, le doute sur la fidélité de son mari subsistait toujours, même si la vie de famille semblait normale en apparence.

Une semaine passa encore, et Anne constata, à son grand désarroi, que Wilfrid était toujours sur son téléphone.

« Le travail… » se dit-elle.

Le week-end prochain, ils recevraient des amis. Une soirée sympathique en perspective. Elle décida d'arrêter de se faire des films et d'être la plus gentille des épouses. Après tout, les enfants sont comme ils sont… dynamiques ! Les parents d'aujourd'hui ont vite fait de classer leurs enfants dans la case « hyperactifs », mais il n'en est rien. Leur vie de couple était bien, et ils n'étaient ni les premiers ni les derniers dans ce cas, à devoir passer des moments difficiles au sein de la famille. Il y avait quand même bien pire autour d'eux.

De son côté, Sabine travaillait dur, et les longues heures passées dans les transports en commun avaient parfois raison de sa santé. Son fils n'était présent à la maison que de temps en temps, puisqu'il était le plus souvent chez sa petite amie, ce qui laissait à Sabine pas mal de temps libre le soir.

Son rejeton se montrant tantôt gentil, tantôt incontrôlable, Sabine appréciait tout compte fait ce temps passé seule chez elle, même si elle aimait profondément son fils. C'était bientôt son propre anniversaire et elle commençait à réfléchir à l'organisation d'une petite soirée sans prétention avec des amis proches.

Elle se décida finalement à inviter sa nouvelle amie Anne et, pourquoi pas, l'une de ses anciennes voisines, Jessica.

***

Jessica et Claire se retrouvèrent à la salle de sport pour un cours de Kimax, un mélange dynamique de cardio-training et de boxe. C'était une salle où régnait une très bonne ambiance, avec des nanas énergiques et sympas avec lesquelles elles pouvaient discuter. Même les mecs étaient cordiaux, loin des clichés habituels de ces hommes assez rustres et dragueurs que l'on s'imaginait trouver dans les salles de sport. Les deux filles arrivaient généralement toujours un peu en avance au cours collectif pour s'échanger les derniers potins.

— Comment ça se passe au travail ? demanda Claire à Jessica.

— Bien, merci. Ce sont les vacances scolaires, alors il y a toujours un peu moins de monde dans les bureaux et ça court moins. Et toi, ça va ?

— Oui, super. J'ai plutôt la forme, lui répondit Claire en prenant la direction de la salle de cours.

Mais elle observa son amie et tiqua.

— C'est quoi ce sourire en coin ? lui demanda Claire.

— Moi, je souris ? Il n'y a rien… ou presque, ironisa Jessica.

— OK. Accouche, Jess ! Qu'est-ce que tu as fait ?

— Rien de bien grave. J'ai vu mon ex-mari hier.

— Oui… Et ?

Le silence de Jessica en disait long.

— Oh my God ! Pourquoi ?!

— Pourquoi pas ? lui demanda Jessica.

— Je croyais que tu n'avais plus envie de lui ?

— Oui, c'est toujours le cas, plaisanta Jessica. Sauf que maintenant j'en suis sûre.

— Ah bon ?

— Oui. Depuis un mois, il me faisait plus ou moins des avances. Tu sais que nos rapports sont cordiaux ?

— Oui mais de là à recoucher avec lui…

— Oui, je sais, cela ne servait à rien, si ce n'est qu'aujourd'hui j'ai la certitude que c'est définitivement terminé.

— Qu'est-ce qui te fait dire cela ?

— Déjà, il a changé physiquement. Puis, ce n'était pas comme dans mes souvenirs. Ce n'était pas tendre, juste normal.

— Eh bien ! Et vous en avez reparlé depuis ?

— Non. Justement, c'est ça qui est étrange. Il ne m'a pas demandé si j'avais aimé, n'a pas fait d'insinuations depuis ou de commentaires sur ce que nous avons fait. C'était sûrement une confirmation pour lui aussi qu'il n'y a plus rien de sentimental entre nous.

— Oui, ou alors il en avait besoin et envie, et tu étais juste à portée de main, ajouta son amie.

— Tu sais t'y prendre pour réconforter tes copines, toi ! rétorqua Jessica en retour.

— Non, je suis réaliste, c'est tout. Mais bon, il n'y a rien de mal à se faire du bien, à ce qu'il paraît. Tu aurais envie de recommencer quelque chose avec lui ? s'enquit Claire.

— Non, pas du tout.

— Alors, c'est parfait ! Viens, on va être en retard au cours.

Les filles entrèrent dans la salle de cours collectifs, enfilèrent leurs gants de boxe et se mirent à courir pour s'échauffer avant de se défouler sur les sacs. Des sacs de boxe rouges, posés sur des pieds bien stables, leur permettaient de taper dedans comme bon leur semblait. Imaginer ce qui avait le don de les agacer était autorisé, voire même de rigueur, pour donner tout ce qu'elles avaient dans le ventre. Cette discipline était très « cardio » et avait le mérite de vider les têtes, et les musiques diffusées étaient entraînantes. Quarante-cinq minutes intenses où elles ne pouvaient pas discuter, faute de souffle.

***

Il était de notoriété publique que Sabine était la reine non pas du shopping mais des réceptions ! Quoique… Elle s'y connaissait en shopping aussi ! Elle était toujours aux petits soins pour ses amis.

Ce soir, elle avait fait le pari de réunir, pour son anniversaire, des amis d'horizons différents.

« Nous verrons bien », pensait-elle.

Elle espérait juste que les filles ne resteraient pas cloisonnées entre elles, en fonction de leurs affinités, créant ainsi de petits groupes hermétiques. Mais elle avait espoir de les voir toutes discuter ensemble. Après tout, elles avaient un point commun : ELLE !

Spécialisée dans la confection des salades et des bouchées apéritives, elle décida de préparer la plupart de ses plats en amont, ce qui lui laisserait ainsi le temps de profiter de ses amis lors de la soirée qui allait bientôt commencer. Elle se lança donc dans l'élaboration d'un buffet dînatoire pantagruélique, dont les restes lui permettraient sans doute de se nourrir pour toute la semaine.

Tous les invités étaient maintenant arrivés. Sabine avait installé de nombreuses bougies partout dans sa maison, mais elle ne doutait pas qu'en cas d'accident, ils seraient plusieurs à repérer un éventuel début d'incendie dû à ces petites décorations bien chaudes. Les convives avaient plutôt l'air à l'aise et, pour le moment, trois petits groupes s'étaient formés et discutaient. Il n'y avait pratiquement que des femmes, seuls deux hommes étaient présents.

Anne discutait boulot avec une collègue de travail de Sabine qu'elle avait croisée lors de ses visites en entreprise ; trois femmes parlaient de leurs futures vacances au soleil ; et Jessica était avec Gilles et Max, saisissant l'occasion de demander des conseils pour ses travaux et menus bricolages à la maison. Sabine prit sa coupe de champagne et leva son verre fièrement du haut de ses cinquante et un ans.

— Merci, mes chéris, d'être présents ce soir. J'espère que vous avez tout ce qu'il vous faut, sinon n'hésitez pas à me demander.

Tout le monde leva son verre à l'intention de l'hôtesse de maison et donna un coup de main pour rapporter de la cuisine au salon les différents mets composant l'étonnant buffet dînatoire que Sabine leur avait concocté. La quintessence de ses talents culinaires était concentrée dans des petites verrines et autres présentations aussi jolies les unes que les autres.

— Tiens, Anne, je voudrais te présenter Jessica, une de mes amies.

— En même temps, je m'en serais doutée ! la taquina Anne. Il serait étrange que tu invites des gens que tu n'aimes pas, plaisanta-t-elle. Bonjour, Jessica.

— Bonjour, Anne.

Puis, Sabine les laissa faire connaissance toutes seules.

— C'est toi qui es styliste ? demanda Anne à Jessica.

— Oui, pourquoi ? Je suis si connue que ça ?!

— Non, mais Sabine me parle régulièrement de toi. Rassure-toi, rien de secret n'a été divulgué. Je sais juste que tu es divorcée ou en train de divorcer.

— Oui, c'est ça. Ce n'est pas commun de commencer une discussion sous cet angle, mais pourquoi pas, sourit Jessica.

— Si tu veux que je change de sujet, dis-le-moi. Je ne voudrais pas paraître impolie, ni inquisitrice.

— Non, non, pas de problème. Notre séparation se passe très bien et a été décidée d'un commun accord. Ce n'est pas si courant, mais pour le moment ça fonctionne.

— Effectivement, ce n'est pas courant.

— Toi, tu es en couple ? demanda Jessica.

— Oui… répondit Anne, un peu gênée.

— « Oui, oui » ou « Oui, il se pourrait que non » ? questionna Jessica.

— Eh bien, il se pourrait qu'il y ait anguille sous roche, comme le dit l'expression, rétorqua Anne.

— D'accord, je vois. Là, c'est peut-être toi qui voudrais changer de sujet ? lui demanda Jessica en souriant.

— Pour le moment, j'observe. Si on se revoit, je te raconterai la suite au prochain épisode. C'est un peu *Dallas* chez moi…

Jessica acquiesça d'un mouvement de tête.

— Tu es donc styliste à Paris ? interrogea Anne.

— Oui et j'aimerais bien me rapprocher de la capitale d'ailleurs, pour avoir plus de temps à consacrer à mes jumelles. Faire le trajet tous les jours, c'est fatigant à force. Mais sinon, j'adore mon boulot.

— Tu m'étonnes. Ce n'est pas commun. Il faut tout le temps que tu sois créative, ou en train de brainstormer. Tu ne dois pas t'ennuyer.

— Non, c'est vrai.

— Des jumelles ? Sabine aussi a des jumeaux, vous vous êtes bien trouvées toutes les deux.

— Oui, elles ont cinq ans et sont mignonnes comme leur mère, plaisanta Jessica, mais surtout très remuantes ! Parfois, elles me sortent par les trous de nez, pour rester polie.

— Je comprends. J'ai trois petites têtes blondes, deux filles et un garçon, et les filles font souvent la misère au garçon, qui est le dernier. Mais il sait aussi jouer au *Chat Potté* avec ses yeux charmeurs, comme dans le dessin animé *Shrek,* avec ses sœurs. Ils ont deux, quatre et six ans, et je crois qu'ils sont aussi remuants que tes jumelles. Si tu veux, un jour on pourrait se rejoindre dans une aire de jeux pour enfants, lâcher les fauves et papoter toutes les deux ?

— Oui, avec grand plaisir, ce serait sympathique. Dis donc, deux, quatre et six ans, ça doit être du sport à la maison ?

— À ton avis ? Comment crois-tu que je garde la ligne ? s'amusa Anne.

Après avoir parlé un peu technique et donc boulot, elles décidèrent de se sociabiliser et de rejoindre les autres convives. La soirée se déroula bien et l'hétérogénéité des horizons - travail, amis, famille - fonctionna à merveille. Les réjouissances s'achevèrent sur une assiette cassée, bien que nous ne fussions ni en Grèce, ni à un repas de noces… Sabine pouvait être fière de son organisation et de l'ouverture d'esprit dont avaient fait preuve ses amis. Il paraît que nos amis sont à l'image de ce que nous sommes. Le résultat lui plaisait beaucoup.

***

Des semaines et des mois s'écoulèrent, les fêtes de fin d'année aussi avec leur cortège de rires, de repas, de retrouvailles familiales et amicales diverses et variées. L'hiver fut rude et long et le moral des filles en dents de scie. Les beaux jours finirent par arriver, leur permettant enfin de recommencer à sortir et à vivre en dehors de la maison.

Quelques échanges de textos entre Jessica et Claire, et une soirée entre nanas s'organisa en peu de temps. Nous étions désormais en mai, il faisait bon et le soleil était également de la partie. *Le Paradis du fruit*, un établissement d'une chaîne de restauration, fut le lieu du rendez-vous de ce soir entre les deux femmes.

Installées en terrasse, elles commandèrent un cocktail de fruits pour l'une, un mojito pour l'autre.

— Ça va, Jessica ? lui demanda Claire.

— Oui, bien que je sois plutôt morose en ce moment.

— Normal ! Moi, j'ai le moral, et tu remarqueras que nos états d'esprit sont tout le temps inversés, la taquina Claire. Raconte-moi : pourquoi donc es-tu si morose ?

— Je ne trouve pas de mec bien. J'en ai marre d'enchaîner les hommes et de constater que ça n'aboutit jamais à rien à la fin.

— Waouh… C'est Jessica qui me parle ou sa doublure ?

— Pourquoi ? demanda Jessica, un peu agacée.

— Parce que ça fait un an et demi que tu me répètes que c'est la belle vie et que ça te plaît de pouvoir faire ce que tu veux avec qui tu veux.

— Oui, eh bien j'aimerais me poser maintenant.

— À la bonne heure ! Non, je ne dis pas cela contre toi mais, Jess, tu es quand même une sacrée croqueuse d'hommes.

— J'aimais bien ce mode de vie mais, désormais, je n'aspire plus à ça. Je crois que j'en ai fait le tour.

— D'accord. Eh bien, on va trouver, se réjouit Claire.

— Comme si tu étais une spécialiste ! lâcha Jessica, à moitié méchante.

Elle se ressaisit tout de suite, consciente de son erreur, et s'excusa.

— Pas de problème, ma Jess.

Le dîner suivit son cours et les discussions allèrent bon train. Le moral de Jessica revint au beau fixe. Rien de tel qu'une soirée entre filles pour repartir sur de bonnes bases et prendre quelques sages résolutions.

— Et toi, Claire, tu en es où ?

— Le calme plat.

— Tu ne cherches pas ?

— Non, j'ai toujours trop de boulot, je ne t'apprends rien.

— Oui, je ne le sais que trop bien : tu mets parfois deux jours à répondre à mes textos ! Ça fait quelques années que tu as trop de boulot, non ?

— Oui. Depuis Olivier, il n'y a eu personne.

— Depuis Olivier ? Ça fait presque deux ans du coup ?

— Oui, c'est ça.

— Il n'y a pas si longtemps que ça, tu m'avais dit un an !

— Oui, bon bah, à quelques mois près, c'est à peu près ça.

— Et tu t'éclates inlassablement dans ton job…

— Oui. Enfin, ces derniers mois ont été compliqués émotionnellement. Il y a eu une période assez chaude où on m'en a fait voir de toutes les couleurs. J'ai changé de client, depuis ça va mieux. Du coup, il n'était même pas envisageable que je me mette à chercher quelqu'un.

— D'accord. Je peux le comprendre mais l'été revient et les envies avec, alors…

— Alors, j'y réfléchirai… Au fait, Jess, on se fait toujours une exposition ce week-end ? demanda Claire. Il y a toujours celle sur Jean-Paul Gaultier au Petit Palais que j'irais bien visiter demain. Es-tu disponible ?

— Non, malheureusement. Je récupère les enfants demain midi, répondit Jessica.

— Bon, OK, ce n'est pas grave, lui dit-elle, un peu déçue. J'irai toute seule.

— Je ne pourrai pas faire ton homme toute la vie, ma chérie. Il faut que tu te trouves un compagnon pour partager aussi ce genre de choses, sourit Jessica.

Le dîner se termina sur ces quelques mots :

— Bon, au moins, on est toujours sur la même longueur d'onde : quand l'une déprime, l'autre va bien. La prochaine fois, ce sera à ton tour d'être démoralisée, ironisa Jessica.

Le lendemain, une surprise de taille attendait Jessica. Claire lui envoya un message. Elle souhaitait que son amie la briefe sur les sites de rencontres. Elle semblait décidée à se reprendre en main côté vie perso, cela n'avait que trop tardé.

***

De leur côté, Sabine et Anne avaient également envie de sortir. Il s'en était passé des choses cet hiver. Anne et Wilfrid s'étaient finalement séparés en même temps qu'elle reprenait un cursus de formation pour ajouter d'autres cordes à son arc professionnel. Au terme de quelques mois de travail intensif « mi-école, mi-entreprise », en plus de la vie de famille, se vider la tête s'imposait. On était vendredi soir et les filles n'avaient rien de prévu de particulier a priori. Le temps que Sabine prenne sa douche, Anne patientait en parcourant quelques fiches sur un site de rencontres qui s'appelait Tinder. Elle tomba sur le profil de Tom.

Il était très grand : deux mètres cinq. Gendarme de profession, il se trouvait à quelques kilomètres, dans une caserne, provisoirement. Il resterait là quelques semaines, le temps que le risque et la peur des attentats se tassent un peu. Venu en renfort depuis Toulouse avec tout un régiment, il avait ce soir une permission qu'il passait en compagnie d'un collègue. Il cherchait lui aussi quoi faire de sa soirée. Le hasard faisait bien les choses : Tom avait le même âge qu'Anne, et Tonio, son collègue, le même âge que Sabine. Une soirée toute trouvée s'annonçait en perspective.

Il aurait été plus normal qu'ils se rejoignent dans un bar ou dans un restaurant mais, venus en bus depuis Toulouse avec le reste de l'équipe, ces messieurs n'avaient pas de voiture. Les filles proposèrent donc aux garçons d'aller les chercher directement à la caserne. Côté vestimentaire, notre belle Anne vit là une bonne occasion de sortir ses cuissardes aux talons de vingt centimètres… Et elles prirent la route.

Une bise en guise de salutation et leur virée improvisée pouvait débuter. Une ambiance conviviale s'installa tout de suite. La soirée commençait, pour Anne, sous de bons auspices.

Dans le bar-restaurant où ils prirent place, un jeu apéritif démarrait. Il fallait reconnaître des chansons. Les quatre compères se piquèrent au jeu, et de franches rigolades agrémentèrent par la suite tout le repas. On aurait dit de vieux amis, voire deux couples, qui se retrouvaient après leur semaine de boulot. Personne n'aurait pu s'imaginer que, deux heures auparavant, ces quatre énergumènes ne se connaissaient pas.

Toutefois, pour Sabine, la suite des réjouissances était compromise car, physiquement, Tonio n'était pas du tout à son goût. Quant à Anne et Tom, il y avait « moyen », comme disent les jeunes, mais ce qui allait se passer entre eux leur appartenait… La soirée s'acheva dans la joie et la bonne humeur.

***

Un samedi après-midi, Jessica et Claire décidèrent de s'accorder un moment de détente dans un institut de beauté qui faisait sauna, hammam et Jacuzzi.

Cela tombait bien ; dehors, il faisait encore mauvais. Le temps avait été morose toute la semaine, alors rien de tel qu'une séance de cocooning sans les enfants pour se requinquer. Jessica culpabilisait parfois de prendre du bon temps sans ses petits monstres, mais pas cette fois-ci ! Les filles prirent un forfait avec massage relaxant et accès illimité au spa. Elles pouvaient bénéficier du complexe autant qu'elles le souhaitaient, toute la journée… enfin, plutôt tout l'après-midi.

— Alors, dis-moi, ma p'tite Claire, es-tu décidée à te reprendre en main côté sentimental ?

— Oui… enfin, en douceur. Je ne vais pas coucher avec le premier homme venu non plus !

Jessica pesta, mécontente :

— Tu as vraiment une mauvaise image des sites de rencontres.

Elle lui expliqua son propre vécu sur ces applications :

— Les sites de rencontres ne sont effectivement pas utilisés de la même manière partout dans le monde. Parfois, à l'étranger, à Montréal par exemple où j'ai pu en faire l'expérience, les hommes sont beaucoup plus directs. Mais, en France, nous sommes plus timorés. Je me souviens d'une rencontre assez rigolote là-bas. J'avais discuté avec un homme et lui avais expliqué que je voulais faire des rencontres sympas et trouver quelqu'un pour m'accompagner lors de mes sorties ou de mes visites de la région car j'étais toute seule, mais finalement nos emplois du temps n'avaient pas concordé et nous en étions restés là. Et puis, quelque temps plus tard, j'ai cru le reconnaître à une soirée organisée par un groupe d'amis sur place, et j'ai demandé à une copine qui était là, en lui montrant sa fiche profil sur Tinder : « Tu ne trouves pas qu'il ressemble à la photo ? » Elle m'a répondu : « Absolument ! », et j'ai trouvé drôle d'aller de ce fait l'aborder, pour lui raconter l'anecdote et lui dire qui j'étais. Il a bien rigolé aussi de cette situation cocasse et a voulu m'embrasser dans la foulée. Je l'ai bien sûr repoussé mais, sur le coup, il n'a pas compris. Il m'a fait remarquer : « Tu m'as liké. Ça veut dire que tu es intéressée, non ? » Ce à quoi j'ai répondu que non, pas pour ce qu'il pensait. Tout ça pour dire que, sur n'importe quel site de rencontres, tu dois expliquer clairement ce que tu recherches à la personne en face, et tout se passera bien. En France, tu es libre de tes choix et tu as le droit de dire ce que tu ressens. Ça peut être aussi bien glamour que hard. Les coureurs de jupons, tu les vois arriver tout de suite parce que discuter avec toi ne les intéresse pas. Sinon, il y a aussi des mecs bien. Nous avons tellement peu d'occasions de rencontrer des personnes en dehors de notre cercle d'amis et du travail que ces applications représentent un réseau supplémentaire important et parfois primordial. Tu te rends compte, ma Claire, que tu peux, avec ces nouveaux réseaux sociaux, faire la connaissance de gens qui sont à une demi-heure de chez toi et que tu ne rencontreras jamais si tu ne t'inscris pas sur ce genre de sites ? Tu travailles dans la communication : tu sais ça mieux que moi, non ?

— Oui, peut-être.

— Non, sûrement ! enchérit Jessica. Il y a des garçons qui recherchent une perle ; je ne dis pas qu'ils veulent trouver la femme parfaite, mais plutôt une acolyte. Au pire ou au mieux, il est même possible de se faire des amis. Bon, OK, ça, ça ne marche pas à tous les coups. Tout dépend du niveau où tu mets la barre. Au début, tu auras tendance à répondre à tout le monde en te disant : « Je vais creuser, voir si nous avons des points communs. » Et, quand tu auras acquis un peu d'expérience, tu sauras dès les premières lignes si ça va fonctionner ou non. C'est mon cas… L'habitude peut-être, dit-elle malicieusement. Ce n'est pas une science exacte, mais je crois être en mesure de deviner, dès la première discussion, si je dois persévérer ou non. Et puis, il y aura des informations qui te permettront aussi de déterminer s'il faut que tu continues ou pas : la distance géographique, par exemple. Toi qui es toujours dans tes dossiers, je doute que tu veuilles d'une relation où vous auriez potentiellement quarante kilomètres à faire pour vous voir ?

— En effet, j'aimerais bien trouver quelqu'un dans les Yvelines ou à Paris, lui répondit Claire.

— Il en va de même en ce qui concerne la situation familiale : un homme qui aurait déjà des enfants et qui n'en voudrait plus ou, pire, qui serait encore en couple, je suppose que c'est rédhibitoire pour toi ? demanda Jessica.

— Rédhibitoire, oui.

— OK. Donc, la première étape est de construire ta fiche profil en étant la plus claire possible sur tes attentes, si tu ne veux pas perdre ton temps. Si tu souhaites jouer un peu, c'est encore autre chose, mais je ne pense pas que cela soit ton cas ?

— Non, je veux juste un homme qui m'accompagne lors de sorties, qui soit prêt à faire des projets de couple et qui se montre compréhensif vis-à-vis de mon travail.

— C'est triste, plaisanta Jessica. Tu ne veux pas t'amuser un peu ?

— Non, je n'ai pas vraiment le temps pour ça.

— Je te taquinais. Tu connais quoi comme sites de rencontres ? lui demanda Jessica.

— Meetic, répondit Claire. Je ne vis pas recluse dans un trou perdu tout de même.

— Et ?

— Et c'est tout, rougit-elle.

— Si on m'avait dit qu'un jour, je donnerais un cours sur les sites de rencontres à ma meilleure amie, je ne l'aurais pas cru.

Il y en a plein, ma bichette : eDarling, AttractiveWorld, HugAvenue, TiiLT, POF, CDate, Tinder, AdopteUnMec.com, Badoo, Meetic, EliteRencontre, DisonsDemain, VoisinsSolitaires, etc. Tu as même Jacquie et Michel, plaisanta Jessica qui se doutait bien que ce dernier site n'évoquait rien de spécial à son amie.

– Un seul suffira, répondit Claire.

– Plus sérieusement, j'en connais deux, simples d'utilisation et gratuits : Tinder et AdopteUnMec.com. Le premier est mon préféré, car il te met en suggestion des hommes ou des femmes qui se trouvent dans ton environnement géographique. C'est à toi de déterminer le kilométrage, la zone dans laquelle tu acceptes de te déplacer en quelque sorte, et tu es libre ensuite de liker ou non les profils qui te sont proposés. Si tu ne likes pas une personne, celle-ci ne reçoit aucune information ou notification sur ton choix. Tu définis donc ton profil, en le complétant avec quelques photos de toi, pas de ton chat ou de tes neveux s'il te plaît, et tu choisis l'âge qui te convient pour ton partenaire et la distance qui vous sépare. Bon, concernant le kilométrage, je dois t'avouer que cela ne marche pas très bien mais tu as l'information sur sa fiche, donc tu peux ne pas liker le profil qui est proposé en conséquence. Attention : parfois, cela veut simplement dire qu'il est en vacances au ski et donc à plusieurs centaines de kilomètres de toi à un moment donné. Cela te fournit aussi une information sur ses connexions à l'application, mais ça, nous en reparlerons plus tard ; ce sont des astuces que je te donnerai si ça t'intéresse.

– Tu as dit tout à l'heure que ce site te proposait des contacts d'hommes et de femmes : quel est l'intérêt de mettre des femmes ?

– Tout d'abord, si tu veux expérimenter une autre facette de ta sexualité, tu peux aussi rencontrer des femmes, mais, dans mon cas, j'ai laissé la porte ouverte aux femmes pour me faire des amies. Il suffit d'indiquer clairement, sur ton descriptif, tes préférences amoureuses et le type de rencontres que tu veux faire ; ainsi, il n'y a pas d'ambiguïté. Il faut savoir tout de même que ce genre de démarche n'est pas répandu et que les hommes ne font pas ça entre eux, plaisanta Jessica. Ils sont binaires : « Si je vais sur un site de rencontres, c'est pour trouver un "encas" ou une relation amoureuse. » Ils n'utilisent pas ce type d'applications pour se lier d'amitié et trouver de nouveaux potes.

— D'accord. Tu as rencontré des filles ?

— Oui, quelques-unes. J'ai aussi eu des propositions autres qu'amicales de la part de nanas, mais il m'a suffi de dire que je n'étais pas intéressée. Tu te souviens de Manuela, qui était à mon anniversaire ?

— Oui.

— C'est une amie Tinder. On s'est likées il y a plus d'un an, on a bien accroché, on a fini par aller dîner ensemble, et voilà ! On ne se voit pas souvent mais on reste en contact par textos. Tu sais, Claire, quand on divorce ou quand on est fraîchement séparée de son compagnon, et qu'on a quasiment que des amis en couple, c'est un peu oppressant. J'ai cherché comment me faire de nouveaux amis, élargir mon cercle de connaissances en somme.

— Et les sites de sorties proposés ne fonctionnent pas pour ça ? demanda Claire.

— Pas vraiment. J'ai testé OVS. Ça doit vouloir dire « On va sortir », il me semble. Et ça ne me convenait pas.

— Pourquoi ?

— Parce que j'avais l'impression de sortir avec des reclus, plaisanta

Jessica. Je n'ai pas fait beaucoup de sorties, mais aller promener ton chien ou te faire une séance de cinéma avec quelqu'un qui ne te ressemble pas du tout, c'est parfois bizarre. Il y a de bonnes surprises aussi, je pense. Tu peux visiter, par exemple, un musée avec quelqu'un qui aime ça au moins autant que toi. C'est une démarche intéressante mais, je ne sais pas, je n'ai pas accroché. Je trouvais les sites de rencontres plus rigolos sur le principe.

— Jean, qui était aussi à ton anniversaire, est un ami Tinder ? lui demanda Claire.

— Oui. Nous avons eu un début de relation, très court, et ça s'est vite transformé en amitié. Avec lui aussi, ça fait presque un an désormais que l'on se connaît, et on se voit régulièrement. On s'appelle toutes les semaines. Il me raconte ses histoires et je lui raconte les miennes.

— Et il n'y a aucun sous-entendu quand vous vous voyez ?

— Non, aucun. Je suis peut-être faite bizarrement mais, passé le mystère de la découverte sexuelle, je suis plutôt claire dans ma tête. Si je suis convaincue qu'une relation ne me mènera nulle part, je n'ai aucune tentation ou envie de récidive. J'ai encore une anecdote sympa à propos des personnes que j'ai rencontrées sur ce site de rencontres. Je t'ai déjà parlé de Michel, non ?

— Ton copain de Rambouillet ?

— Oui, c'est ça. C'est ma première rencontre Tinder. Il y a donc deux ans maintenant. Comme avec Jean, on a beaucoup discuté, on a très vite vu qu'avait pas mal de points communs, mais on n'est pas allés plus loin. Nous sommes partis en week-end en Allemagne en début d'année, sans qu'il y ait d'ambiguïté, et, lors de ce week-end, il m'a confié qu'il était entré en contact avec très peu de personnes depuis moi et qu'avec les filles qu'il rencontrait, ça ne donnait rien, ça ne fonctionnait pas. Eh bien, nous avons décidé de refaire son profil Tinder ensemble et d'en créer un sur un autre site qui s'appelle AttractiveWorld. Celui-ci est payant et, là, on ne joue plus dans la même cour. Je ne connais pas trop cette application, mais j'ai deux copains qui l'ont testée, et la nuance est que, comme c'est payant pour les femmes et les hommes, les gens prennent un peu plus au sérieux les rencontres qu'ils font. Encore que… On y trouve que du « beau monde », entre guillemets, c'est-à-dire qu'il n'y a pas de « tocards », mais des personnes ayant généralement de bonnes professions. C'est un site dédié à une catégorie socioprofessionnelle « ++ », fréquenté par des célibataires « exigeants », comme ils disent. Tu m'étonnes : à plus de trente euros par mois, effectivement, ce n'est pas ouvert à tout le monde. Il me semble qu'il faut, de plus, être parrainé par quelqu'un pour y entrer. Pour en revenir à Michel, je lui ai donc refait son profil Tinder et je lui en ai créé un sur AttractiveWorld, en ajoutant quelques photos que nous avions faites lors de ce fameux week-end. Eh bien, figure-toi que, deux semaines après, il a rencontré Stéphanie. C'est fou parce que j'ai dîné avec eux récemment pour faire la connaissance de Stéphanie, qui est toute mimi, et ils m'ont annoncé qu'ils avaient décidé d'acheter un appartement ensemble, deux mois après leur rencontre. Je vais leur rendre visite la semaine prochaine, mais je crois qu'il y a aussi un mariage et un bébé en vue. Je pense qu'ils n'ont pas osé me le dire de peur que je trouve cela complètement dingue, tellement les choses vont vite entre eux. D'ailleurs, cette histoire est complètement dingue quand on y réfléchit ! Elle est à la fois totalement folle, super jolie et attendrissante. Je leur souhaite beaucoup de bonheur. Une nouvelle aire de rencontres nous est offerte. Avant, il y avait les agences matrimoniales. Aujourd'hui, il y a les sites de rencontres. Tu sais, le film avec Will Smith *Hitch, expert en séduction* n'est pas si éloigné de la vérité, en fait. Il y a des gens doués pour faire des rencontres assez facilement sur les applications ou dans la rue et qui utilisent cette aptitude à mauvais escient, et il y a d'autres personnes à qui il faut donner un petit coup de pouce pour qu'elles se lancent, car elles manquent complètement de confiance en elles, alors que, pourtant, elles ont un charme fou et sont si jolies... comme toi, ma chérie, la rassura Jessica.

— C'est gentil, mais ces filles-là se font aussi bien souvent avoir...

— Le tout, c'est de garder une certaine réserve, une retenue sentimentale, avant de se lancer corps et âme. Tu gagneras ainsi en confiance envers l'autre personne qui observera que tu prends ton temps et que tu ne lui mets pas la pression ou le grappin dessus. Pour toi, ce sera une période où tu pourras connaître et considérer l'autre, afin de t'assurer qu'il correspond à ce que tu recherches, ou pas, chez un partenaire. Passé les premiers jours et les premiers rapports, à notre âge, tu peux vite te rendre compte de la personnalité de l'autre et ainsi te projeter, ou non, avec lui. Attention, je ne dis pas qu'il n'y aura pas de pots cassés. Parfois tu pourras te tromper sur les intentions de l'autre, ou d'autres fois tu ne t'expliqueras pas pourquoi tes sentiments ne sont pas réciproques ou, au contraire, pourquoi tu n'éprouves rien. Mais, comme on dit, qui ne tente rien n'a rien !

— Et l'autre site ? demanda alors Claire.

— AdopteUnMec.com. Je n'aime pas trop sa présentation et son concept de supermarché des mecs, mais il est gratuit et j'ai des copines qui l'utilisent et qui en sont très contentes... enfin, du concept du site. Tu as un panier et, grosso modo, tu y mets des profils d'hommes pour ensuite leur écrire, ou tu peux leur envoyer simplement des « coucous » ou des « charmes » pour te faire connaître. Il est toujours intéressant d'avoir deux sources différentes de sites de rencontres, même si bien souvent tu retrouves les mêmes profils. Manuela utilise Badoo aussi. Mais bon, si déjà tu t'inscris sur une application, tu devrais avoir ce qu'il faut en termes de choix, surtout en région parisienne. Il est même possible que tu sois obligée de faire du tri.

— OK, on se lance, que je voie à quoi cela ressemble ?

— Si tu veux. On sort de l'eau et on va prendre un thé ?

— Oui.

Après s'être séchées un peu et avoir enfilé leurs claquettes et leurs peignoirs blancs, Claire et Jessica se dirigèrent vers le coin détente de l'institut. Après une bonne demi-heure de relaxation, Claire donna son Smartphone à Jessica.

Cette dernière s'exécuta, trop contente de remettre son amie sur le marché sentimental. Une fois l'application installée, il s'agissait désormais d'élaborer la fiche de Claire.

La première ébauche ressemblait à ça :

« *Chaudasse recherche jeune homme pour moments coquins sans prise de tête. Hommes mariés s'abstenir. Par contre, si tu es en déplacement professionnel à Paris, appelle-moi, que nous en discutions… À bientôt ! Votre dévouée Claire.* »

Jessica rechercha quelques photos de Claire dans la « galerie » de son téléphone, et la fiche fut presque terminée.

— Claire, tu veux que je mette quoi concernant la zone géographique et l'âge ?

— Dix kilomètres, pas plus. Je n'ai pas de voiture, si bien que je dois en louer une quand j'ai de longs trajets à faire. Et pour l'âge, mets le même que le mien, trente-cinq ans ; ce sera très bien.

– Tu en es sûre ? Pour l'âge, je veux dire, demanda Jessica.

– Oui, pourquoi ? Tu as mis quoi, toi ?

– Moi, c'est différent, je suis presque dans la quarantaine. Mais, si je peux me permettre, tu ne devrais pas te fermer à plus vieux que toi. Les hommes qui ont la quarantaine et un peu plus sont plutôt… disons « sympas à découvrir », sexuellement et intellectuellement. Ils ont souvent déjà bien vécu et savent ce qu'ils recherchent, ce qu'ils veulent et ne veulent plus. Aussi, sur la question des enfants, tu seras vite fixée… enfin, si le gars est honnête. Et puis, ils ont plus d'expérience à tous points de vue.

– Mets ce que tu veux, lui répondit Claire.

Jessica effectua les dernières modifications et montra sa composition à son amie avant de valider.

Claire devint blanche et répliqua :

– Si tu valides un truc comme ça sur ma fiche descriptive, je te tue !

Jessica rigola de bon cœur, à tel point que la responsable de l'institut vint leur demander de parler moins fort.

– Non ? plaisanta Jessica. Au moins, ça aurait eu le mérite de te permettre de te rendre compte tout de suite des mecs qui ne recherchaient que des « rapports consentis ». Bon, allez, plus sérieusement, dis-moi comment tu imagines ton homme demain, l'homme avec qui tu feras ta vie.

– J'aimerais qu'il soit grand, plus d'un mètre quatre-vingts, qu'il ait un goût vestimentaire raffiné, qu'il exerce une profession tertiaire ou médicale et qu'il soit attiré par la culture pour que nous puissions faire des visites culturelles ensemble. Avec ou sans enfant, ça m'est égal.

— D'accord. Nous allons donc mettre : « *Jeune femme aimant son travail recherche un homme grand, sociable et cultivé. Si tu aimes les expositions et que tu es curieux, viens briser la glace car je suis plutôt timide. Au plaisir de te lire. Claire.* » On modifiera par la suite éventuellement. On va voir ce que cela donne déjà avec ce texte. Tu me diras quel genre d'hommes t'écrit. Ah oui, le principe de ce site, comme je te l'expliquais, est de se « liker ». Si les deux personnes se sont mutuellement likées, alors l'une ou l'autre peut entamer la conversation. Le temps des premiers pas réservés aux hommes est dépassé. Alors, n'hésite pas, si tu en as envie, à leur écrire en premier si eux ne le font pas. Moi, j'avoue que j'aime encore beaucoup ce premier pas de galanterie, et cela donne aussi une indication sur le degré de motivation de l'intéressé pour rencontrer des personnes, mais tu n'es pas obligée d'attendre. Cela ne voudra pas dire que tu es une « chaudasse », se moqua son amie.

Claire lui lança un regard noir.

L'heure du massage était arrivée, et il était temps, pour les deux jeunes femmes, de ne plus penser à rien. La fiche de Claire était validée, on verrait bien ce que cela donnerait. Il y aurait sans doute déjà des contacts à leur sortie du spa. Les femmes avaient le net avantage d'être moins nombreuses sur les sites de rencontres que leurs congénères masculins, ce qui leur laissait le choix. Normalement…

***

Le temps était venu pour Anne de faire ses cartons. Dix ans de vie commune, trois ans d'existence à remettre dans des boîtes depuis le dernier déménagement.

Wilfrid avait quitté définitivement le foyer conjugal il y avait un mois, laissant ainsi la maison de Montfort-l'Amaury bien vide. Vide d'une vie de famille.

Les trois quarts des cartons étaient bouclés mais la force manquait à Anne pour terminer d'emballer ce qu'il restait. Sabine était venue lui donner un coup de main pour ce dernier week-end avant la vente de la maison, ainsi que Ludovic, l'un des prétendants d'Anne qui finalement avait fini par devenir un ami. Chacun s'affairait à la tâche que lui avait donnée Anne ; il y avait encore pas mal de boulot et les trois acolytes n'avaient pas le temps de s'ennuyer. Ludovic était dans le jardin, en train de désassembler le trampoline des enfants, après avoir démonté leurs lits à l'étage.

Quant à Sabine et Anne, elles emballaient la vaisselle dans du papier journal ou le restant du papier bulle laissé par les déménageurs. L'ambiance était plutôt bonne, et le boulot abattu, au bout de cette journée bien remplie, était très satisfaisant. Les filles avaient jusqu'au dimanche soir pour terminer leur corvée, mais elles présageaient que la deuxième journée du week-end, consacrée elle aussi à l'empaquetage, serait plus difficile avec les douleurs et la fatigue de la veille.

Pour l'heure, le temps était au débriefing sur ce qui avait été fait et ce qu'il restait à faire. Anne leur prépara une bonne assiette de pâtes au fromage pour les récompenser de leur labeur. Tous les trois discutaient, plaisantaient, quand Ludovic annonça son départ. Le lendemain, il allait à un festival de musique et il avait grandement besoin de se reposer. Les filles l'embrassèrent chaleureusement pour le remercier d'être venu, et il s'en alla. Finalement, elles ne tardèrent pas à aller se coucher après que leur camarade fut parti.

— Il est vraiment sympa, ton copain, énonça Sabine.

— Oui, je sais, je l'apprécie beaucoup, répondit Anne.

— C'est ton type de mec, Ludovic ? Il ne s'est rien passé avec lui ?

— Non, pas encore, ou pas du tout, rectifia Anne.

— Je ne comprends pas.

— En fait, on s'entend super bien. J'aime quand il me parle de son travail, cela m'intéresse. Il a des amis, il est plutôt pas mal. Bref, il a tout, mais il ne s'est rien passé. Quand on a commencé à se côtoyer, on a fait un pari complètement absurde tous les deux.

— Quel genre de pari ? demanda Sabine.

— Nous nous sommes mis d'accord sur le fait que nous ne ferions rien ensemble avant le dixième rendez-vous.

— Et vous en avez fait combien ?

— Neuf.

— Neuf ?!

— Oui, neuf. Et, depuis un mois, nous ne nous étions pas revus… avant ce samedi. Aujourd'hui, c'était en somme notre dixième rendez-vous, s'amusa Anne.

— Et il t'a fait des avances ?

— Non, aucune. Et puis, bon, le rendez-vous d'aujourd'hui était un peu compliqué pour envisager quoi que ce soit, non ?

— Oui, c'est sûr. J'aurais dû vous laisser tous les deux, plaisanta Sabine.

— Non, pas du tout. Et puis, je crois qu'il ne se passera rien de plus. Je n'en ai pas spécialement envie. Au cours de nos différentes rencontres, nous avons fait des balades à pied, des visites, des balades à moto. Je suis même allée dormir une fois chez lui, dans son lit, et nous n'avons rien fait.

— Et tu n'aimerais vraiment pas qu'il se passe quelque chose entre vous ?

— Je ne crois pas. Son amitié me va bien. Et je crois que c'est pareil pour lui. Je pense de toute manière qu'il n'aurait pas assez de charisme pour moi.

— Pas assez de charisme ? C'est-à-dire ? Je l'ai trouvé plutôt entreprenant sur ce qu'il devait faire aujourd'hui. Explique-moi, demanda Sabine.

— Je ne sais pas trop comment l'exprimer. Je sens que c'est un homme qui propose des choses : ça, c'est très bien. Mais, en même temps, il est... comment dire ?... Je ne sais pas... Je n'arrive pas à mettre des mots pour t'expliquer comment je perçois cet homme. Nos échanges ne sont pas aussi fluides qu'ils devraient l'être. Je fais attention à ce que je dis et comment je lui dis. Tout ce que je sais, c'est qu'il n'y aura jamais rien de sérieux entre nous. Ce n'est pas un mec pour moi, même s'il correspond à mon type d'homme pourtant. C'est bête, plaisanta Anne, mais c'est comme ça. Il n'y a pas de feeling amoureux. En revanche, le garder pour ami, je n'y verrais aucun inconvénient, bien au contraire. La preuve, il est là, il est présent dans ma vie et tout s'est très bien passé aujourd'hui.

— D'accord. Ça se défend, lui dit Sabine en lui lançant un clin d'œil. Tu as le contact et la discussion faciles quand même, ma chérie. C'est fou toutes ces nouvelles amitiés que tu as pu nouer.

— Je m'en réjouis, affirma Anne. Je suppose que j'en ai besoin pour me reconstruire.

— Tu n'es plus seule, ajouta Sabine.

— C'est ça.

— Tu as vu ? reprit Sabine. Demain, il ne nous reste plus que les bibelots et les tableaux à emballer, ainsi que les livres et tes fringues, résuma-t-elle.

– Oui, je ne pensais pas passer une demi-journée à trier les jouets des enfants.

– Oui, c'est incroyable ce que vous avez entassé !

– Il va encore falloir faire du tri. En général, il y en a aussi à faire à l'arrivée dans une nouvelle maison. On ne transfère pas deux cents mètres carrés dans quatre-vingt-dix mètres carrés, ironisa Anne.

– Ça ira très bien, ma chérie, ne t'inquiète pas. Ce sera ton petit chez-toi.

Anne avait trouvé un nouveau logement en catastrophe. Elle avait reculé jusqu'au dernier moment les recherches, ne se résignant pas à faire le deuil de sa demeure, de son foyer. Elle s'était retrouvée, un samedi matin, à visiter trois maisons. Il avait fallu faire un choix !

– Demain, nous allons passer du temps sur mes fringues, ma Sabine, je pense. Il faudra que je prépare des cartons à donner et d'autres à emporter.

– OK, nous verrons demain. En attendant, je suis crevée. Et si on dormait ?

– Avec grand plaisir ! Je suis exténuée… Sabine ?

– Oui ?

– Merci…

– Dors !

***

Bien reposée depuis le déménagement de son amie Anne qui avait eu lieu il y avait déjà un mois maintenant, Sabine avait invité deux copines chez elle un samedi après-midi pour prendre le café.

Il faisait un temps de chien et on n'avait qu'une seule envie : se blottir dans un « pilou-pilou » - comprenez un pyjama bien chaud, pas une nuisette super sexy –, près d'une cheminée. Anne devait les rejoindre en début de soirée pour aller voir une pièce de théâtre à Paris entre filles. *Famille recomposée* et *Dix ans de mariage* étaient à l'affiche.

Mais elles avaient jeté leur dévolu sur *Sexfriends*, une comédie théâtrale.

« *ELLE ne connaît rien au sexe, LUI va tout lui apprendre... Du même auteur qu'"Une chambre pour deux".* »

Le résumé était plutôt alléchant et laissait présager une bonne soirée.

« *Dan et Maggy, qui ne se connaissent pas, se lancent dans cette folle aventure : se jeter l'un sur l'autre sans tabou, sans enjeu et surtout sans lendemain. Mais la soirée ne se passe pas vraiment comme prévu car Maggy est novice en la matière. Mais elle est déterminée plus que tout à ne pas finir vieille fille ! Elle demande à Dan, expert en la matière, de tout lui apprendre sur le sexe, d'un aspect purement technique bien entendu... Il y a un nouveau terme qui décrit ce genre de relation : les sexfriends !* » (BilletRéduc.com)

À dix-neuf heures, les voilà parties en voiture toutes les quatre, direction la capitale.

La recherche d'un parking près du théâtre se passa plutôt bien, une grosse hantise pour Anne, et la pièce fut à la hauteur des espérances, drôle et douce à la fois.

Un seul bémol : elles n'avaient rien appris sur le plan sexuel, ou technique, comme c'était annoncé, ce sur quoi elles plaisantèrent joyeusement.

Les femmes, et les hommes aussi d'ailleurs, sont toujours à la recherche d'une petite astuce, d'un nouveau jeu pour améliorer ou agrémenter leur sexualité. Ce qu'on oublie souvent, c'est qu'il ne s'agit pas d'une performance. L'amour reste l'amour ; c'est l'alchimie entre les partenaires qui rend l'acte intéressant, ou pas. Les positions restent relativement les mêmes, tout comme les endroits et le contexte. Aussi, certaines personnes seront plus téméraires que d'autres mais, à bien y réfléchir, ce n'est pas si différent d'un couple à un autre. Après, il y a des « groupes de pratique » – les libertins, les sadomasochistes, les scatos, etc. –, mais le sexe reste un acte physique que chacun est libre d'améliorer par de la tendresse ou par toute autre chose.

Les commentaires allèrent bon train, le temps que les quatre amies arrivent à la voiture. Elles décidèrent que la cuisine, ce soir, serait japonaise. Mais c'était compter sans le trafic dense et la circulation parisienne. À défaut de pouvoir rejoindre l'établissement de leur choix car les chemins étaient devenus trop pénibles, elles résolurent de s'arrêter dans le premier restaurant qu'elles trouveraient à proximité. Ce fut un restaurant Mexicain !

Anne avait faim, c'était un ventre sur pattes.

Sangria, boissons à base de tequila, fajitas, guacamole, tortillas et tacos bien garnis de tout type de viande, enchiladas – des espèces de chaussons, à l'image de nos pizzas calzones, en plus petits – furent servis à table. Tout simplement fabuleux ! Une orgie de nourriture et de calories pour nos drôles de dames.

Une fois rassasiées, les filles rentrèrent chez elles et Anne suivit Sabine au domicile de cette dernière.

— On a passé une bonne soirée, non ? demanda Sabine à son amie.

— Oui, parfaite, lui répondit Anne.

Sentant que quelque chose clochait, elle la relança :

— Qu'est-ce qui ne va pas, Sabine ?

— Je n'ai pas de nouvelles de Sacha, lui répliqua-t-elle du tac au tac.

Sacha avait son histoire : il avait rencontré Sabine sur un site de rencontres il y avait plus d'un an et, malgré des débuts tumultueux, tous deux avaient fini par se mettre en couple.

Sabine avait eu une relation, durant quelques semaines ou quelques mois, avec Jonas, agent de protection rapprochée de monsieur le Premier ministre en personne. Il avait un emploi du temps on ne peut plus irrégulier, mais ils arrivaient, contre toute attente, à se voir de temps en temps. Jonas était très coquin, adepte du libertinage, ce qu'il assumait, et il voulait que Sabine s'y convertisse... Elle n'avait pas voulu et cela n'avait fait que détériorer leur relation au fil de l'eau. Quand des personnes ne sont pas sur la même trajectoire, qu'elles n'ont pas les mêmes besoins ou envies, il faut s'attendre à quelques verres cassés. Bref, Jonas avait finalement décidé de quitter Sabine, laissant cette dernière sur le bord de la route dans un complet désarroi.

Sacha était entré en contact avec Sabine environ deux semaines après cet épisode de sa vie, et le plus surprenant, c'était qu'il connaissait Jonas. Ils avaient eu l'occasion de travailler ensemble lors de certains déplacements professionnels. Sacha faisait le même travail de garde du corps que Jonas, mais pour une autre personnalité.

Sabine était bien évidemment contrariée. Elle s'était posé mille questions à ce sujet. Et si c'était un complot entre les deux hommes ? Et si Jonas avait refilé à Sacha des photos d'elle en lui indiquant sur quel site il pouvait la trouver ? Beaucoup d'interrogations qui, à juste titre, avaient laissé Sabine très perplexe sur les circonstances de leur rencontre. Malgré tout, Sabine avait écouté les conseils avisés d'Anne… En vraie chipie, celle-ci lui avait dit : « On n'a qu'une vie ! Alors, si tu en as envie, fonce ! » En amour, pourquoi se priver si on n'a pas d'attaches ? Le terme « sexfriend » avait pris toute sa dimension dans le démarrage de cette liaison. Nous pourrons revenir plus tard sur les différentes nuances des relations affectives.

Malheureusement ou heureusement, cette aventure avait évolué au bout de quelques semaines. Sabine avait pu oublier définitivement son Jonas qui lui avait donné tant de fil à retordre. Nous étions dorénavant plus d'un an après leur rencontre, et la relation entre Sabine et Sacha s'était déjà arrêtée à plusieurs reprises pour reprendre inlassablement. Sacha avait au quotidien des soucis avec ses deux filles, et Sabine en avait tout autant avec son ex-mari pour régler son divorce.

C'est comme s'ils étaient sur deux lignes différentes ou parallèles, juste à côté l'une de l'autre, mais qui ne se rejoignaient jamais. Peut-être un jour…

Sabine était donc chagrinée ce soir de ne pas avoir de nouvelles de son Sacha.

C'était peine perdue : ni l'un ni l'autre n'étaient prêts à se lancer dans une histoire sérieuse pour le moment, mais ça ne les empêchait pas de se voir de temps en temps et d'apprécier les moments passés ensemble.

— Tu sais que tu en auras tôt ou tard, lui répondit Anne, plus tranchante que compatissante.

Sabine ne s'épanouissait pas depuis un an dans cette relation, et cela chagrinait son amie. Anne lui avait suggéré à plusieurs reprises d'envisager de passer à autre chose, mais c'était compter sans l'acharnement de Sabine à trouver des excuses perpétuelles à Sacha.

— Arrête de penser à lui pour ce soir, lui recommanda Anne. Tu veux que je te raconte une histoire ? Ou que je te chante une berceuse ?

— Non, sans façon. Ça va aller. Et puis, je ne veux pas te vexer mais tu chantes plutôt mal.

— Quoi ?

— Allez, dodo ! annonça Sabine. Demain, je te ferai un masque pour le visage, si tu veux. J'ai acheté une nouvelle crème qui fait un bien fou.

— Avec plaisir. Bisous, ma belle.

— Bonne nuit.

Sur ces quelques phrases, les filles s'écroulèrent de fatigue. Il faisait noir depuis déjà bien longtemps dehors quand les filles rejoignirent Morphée chacune de leur côté.

***

Mercredi, un jour de vacances scolaires, Jessica et Anne allèrent dans une aire de jeux avec les enfants, comme elles l'avaient évoqué lors de leur première rencontre à l'anniversaire de Sabine quelques mois plus tôt.

— Mais qu'est-ce qu'on fait ici ?! s'exclama Anne, quand elles pénétrèrent dans la salle.

— On a envie de devenir sourdes ! répondit Jessica avec ironie. Si, après une journée là-dedans, on nous dit que nous sommes de mauvaises mères, j'étripe le premier venu.

— Dis-moi, tu m'as l'air en forme, toi ?

— Non, je plaisante, répliqua Jessica. Les enfants adorent ces endroits, mais reconnais qu'il faut bien une demi-heure d'acclimatation pour s'habituer à cet environnement si bruyant.

– Oui, c'est sûr. En plus, c'est bondé aujourd'hui.

– Oui, on n'a pas choisi le bon jour. Tu veux un café ? lui demanda Jessica en se dirigeant vers le comptoir de la buvette.

– Non, mais un thé volontiers.

– Va pour un thé.

Les enfants avaient retiré leurs chaussures et étaient partis directement dans les espaces de jeux. Seul le dernier d'Anne était encore dans les bras de sa mère et se montrait réticent à rejoindre les autres gamins, faisant son timide.

– Dans un quart d'heure, il n'y paraîtra plus. Le petit sera dans la piscine à boules ou sur un vélo en plastique qu'il aura chipé à un autre garçon, dès qu'il aura échappé à la vigilance de sa mère, lui dit Anne. Bon, sinon tout va bien, Jessica ?

– Oui, je suis enfin en vacances, j'en avais besoin. Avec les enfants, on va aller à l'*Aquaboulevard* cette semaine aussi.

– Tu as bien du courage. Là-bas aussi, c'est bruyant.

– On est des mères exemplaires, qu'est-ce que tu veux ! plaisanta Jessica.

Cette dernière demanda à Anne :

– Au fait, tes craintes concernant ton mari ont-elles été confirmées depuis l'anniversaire de Sabine ?

– Houlà ! Oui, il s'en est passé des choses depuis quelques mois.

– Raconte-moi ! On a une journée entière devant nous, du café, du thé, des gâteaux, plein de sucre pour recharger nos batteries et un déjeuner gastronomique qui nous attend ce midi, avec nuggets au poulet ou steak haché-frites ! Et les enfants ne reviendront nous voir que pour boire, faire pipi ou nous montrer un bobo.

— OK, sourit Anne. Donc, quand on s'est quittées à l'anniversaire de Sabine, j'avais des doutes sur la fidélité de mon mari.

— Oui, c'est ça.

— Eh bien, depuis, tout s'est malheureusement confirmé. Un jour, nous étions à la piscine et j'ai profité de ce qu'il était dans l'eau avec des amis pour aller consulter son téléphone dans les vestiaires. OK, c'était moche mais, en même temps, je n'en pouvais plus de ne pas savoir et d'imaginer les pires choses à son encontre.

— Et alors ?

— Eh bien, c'était pire que ce que je croyais.

— Pire ?

— Oui. Il entretenait une relation depuis un an avec une femme plus jeune. L'opposé de moi physiquement.

— Comment la dispute a éclaté ? l'interrogea Jessica.

— Il n'y a pas eu de dispute. Je lui ai demandé de but en blanc, comme si ça sortait de nulle part : « Elle s'appelle comment ? »

— Il a avoué ?

— Non, pas tout de suite. J'ai dû lui répéter quatre fois la question, le plus calmement possible, pour qu'il comprenne qu'il n'y avait pas d'échappatoire et qu'il était inutile qu'il me balance un ultime mensonge parce que j'en savais déjà trop. On dit souvent qu'il faut « prêcher le faux pour savoir le vrai ». Eh bien, c'est un peu ça qui s'est passé.

— Comment tu te sens aujourd'hui ? C'était il y a longtemps ?

— Il y a huit mois. Je pense que j'ai passé le plus douloureux. Enfin, souvent, je me dis : « Ça ne peut pas être pire. »

— Si… Et s'il lui fait un gamin ? ajouta Jessica.

— Toi, tu sais consoler les copines, lui répondit Anne en souriant.

— Désolée, Anne, je suis pragmatique.

— Bon, en tout cas à ce jour, il n'y a pas d'enfant et il n'est pas question d'un enfant. Il en a trois et je suppose que s'il est parti, c'est à cause de notre rythme de fous « enfants, boulot, dodo ». Alors, il ne s'y collera pas de sitôt… enfin, je suppose.

— T'a-t-il dit pourquoi il te trompait ?

— Non, pas vraiment. Il m'a sorti un truc minable ! Il m'a affirmé : « Tu sais, je suis un homme qui a besoin de faire l'amour souvent… » Alors que, depuis des mois, je devais limite le bousculer pour qu'on fasse l'amour. Et après, il m'a dit qu'entre la vie de famille et le boulot, il était soumis à beaucoup de pression. Et il a ajouté qu'il était tombé amoureux par hasard.

— Comment a-t-il rencontré sa maîtresse ? demanda Jessica.

— Lors d'un dîner professionnel. Ce qui est navrant… non, ce qui me révolte, c'est qu'on dit toujours : « La peur n'évite pas le danger. » Eh bien, en ce qui me concerne, j'aurais peut-être dû le surveiller un peu plus et ne pas lui laisser d'occasions de s'échapper de notre foyer.

— Tu l'aurais étouffé et le résultat aurait été identique, ou même cela se serait produit beaucoup plus tôt, essaya de la réconforter Jessica.

— Bref, nous avons continué à vivre dans la maison qui était en vente, mais en alternance : chacun y habitait une semaine sur deux. Et durant l'autre semaine, moi je retournais chez mes parents et lui allait chez sa maîtresse. Les enfants restaient à la maison tout le temps, et ils étaient ainsi préservés, il me semble. Rien n'a changé pour eux jusqu'à la vente de la maison.

— Heureusement que tu avais la solution de l'hébergement

chez tes parents.

— Oui, je sais. Je les ai supportés, plaisanta Anne qui n'en pensait pas un mot. La tienne s'est bien passée ? demanda-t-elle à Jessica. Ta séparation avec ton mari, je veux dire.

— Oui. Dans notre cas, c'est moi qui suis partie. C'est moi la méchante, ironisa-t-elle. Mais notre séparation s'est décidée à deux tout de même. On a vécu dix ans ensemble.

— Vous étiez mariés ?

— Oui, ça faisait un an.

— Un an !

— Tout a commencé à déraper lorsque nous sommes partis en vacances, il y a trois ans, en Crète dans un Club Med avec les enfants. Nous avons fait la connaissance d'un autre couple qui, comme nous, avait des enfants et avec qui nous avons bien sympathisé. Trop sympathisé…

— Vous avez fait des choses à quatre ? questionna Anne.

— Non, non, pas du tout. Mais je me suis aperçue que le courant passait très, très bien avec le monsieur. Nous n'avons rien fait pendant ces vacances mais, à la fin de ces dernières, nous avons échangé nos numéros de téléphone et nos adresses pour nous revoir. Un mois après, nous sommes allés en famille leur rendre visite en Bretagne pour un week-end. Nos enfants s'entendaient super bien, ils avaient presque le même âge. Et le soir venu, lorsque tout le monde était couché, nous nous sommes rejoints dans la cuisine pour boire un verre. Et c'est là que nous avons fait nos bêtises…

— Punaise, tu veux dire que, pendant que ton mari dormait ainsi que sa femme, vous avez copulé dans la cuisine ?!

— Ce n'est pas trop romantique vu comme ça mais, au bout du compte, c'est bien ce qui s'est passé, rigola Jessica.

— Je crois que je n'aurais pas pu faire ça, commenta Anne.

D'abord, à l'idée que l'on puisse nous surprendre, j'aurais eu une trouille bleue qui m'aurait ôté toute libido. Puis, techniquement, il aurait fallu que j'aie des préservatifs sur moi, et quand tu vis en couple, c'est un peu la dernière chose que tu as sur toi, cachée dans ta chemise de nuit, non ?

Soudain, Anne demanda à son amie :

— Vous l'avez bien fait en vous protégeant, n'est-ce pas, Jessica ?

Quand elle vit la mine gênée de Jessica, Anne eut la réponse à sa question.

— Mais tu es complètement inconsciente, Jess ! s'exclama-t-elle.

— Je sais, lui répondit Jessica. C'est une de mes nombreuses erreurs. Je n'ai pas réfléchi et c'était débile. Il y en a qui gâchent leur vie comme ça.

— J'ai une copine, qui s'appelle Sandra, à qui c'est arrivé, lui expliqua Anne. Elle est tombée enceinte sur cette première et seule erreur. Et, de nos jours, ça, ce n'est pas la pire chose qui puisse survenir quand on ne se protège pas !

— Oui, maman, je ne recommencerai plus, s'amusa Jessica. Je reconnais que je m'en suis plutôt bien sortie.

— La vache, fallait oser… Et après cet épisode ?

— Nous sommes rentrés chez nous. Je pense que sa femme a commencé à se douter de quelque chose. Elle lançait beaucoup de regards furtifs en ma direction et celle de son mari. Et puis, une femme sent les choses plus qu'un homme.

— Tu m'étonnes. Ton mari ne s'est douté de rien ?

— Non, de rien du tout, jusqu'à ce que je lui en parle lors de notre séparation. Pendant presque un an, avec mon amant, nous nous sommes écrit et téléphoné. Et, un jour, il a demandé sa mutation près de chez moi et a dit à sa femme qu'il allait partir.

J'y ai vraiment cru jusqu'au bout.

– Que s'est-il passé ensuite ? s'enquit Anne.

– Tout allait enfin devenir réel, concret. Mais, quand il a été mis devant le fait accompli pour changer de boulot… il est flic… il a craqué. Il ne pouvait plus tout plaquer, laisser ses enfants, sa femme avec son chagrin, surtout vu l'état dans lequel elle était.

– Oh, ma pauvre chérie… Et c'est là que tu en as parlé à ton mari ?

– Oui, quand mon amant a refusé sa mutation, répondit Jessica. Ça a été la goutte d'eau qui a fait déborder le vase. Je ne pouvais plus le cacher. J'étais tellement triste.

– Tu me surprends encore. D'autres auraient annoncé à leur conjoint leur infidélité PENDANT la relation, et toi tu lui annonces quand c'est fini ? Et comment a-t-il pris la chose, ton mari ?

– Comme je te le disais, la décision de nous séparer a été commune, et c'est là que nous l'avons prise. Apprendre ma liaison ne lui a pas fait un trop gros choc. En tout cas, il ne l'a pas beaucoup exprimé. Je crois que nous étions devenus potes et qu'une séparation n'était pas aberrante ni trop douloureuse pour nous deux. Restait à gérer les enfants.

– Je comprends.

– Mais, comme ils étaient petits, c'était plus simple. Avec des adolescents, ça aurait été ingérable. On a réussi à divorcer sur Internet, avec juste à la fin un passage devant monsieur le juge, et en six mois c'était fait. Nous avons mis plus de temps à préparer le mariage qu'à divorcer.

– Mais ça veut dire que, lorsque tu t'es mariée, tu n'aimais déjà plus ton mari ? lui demanda Anne.

– Oui. Enfin, je croyais que je l'aimais les premiers temps qui ont suivi sa demande, que c'était une mauvaise passe, une petite déprime, la peur peut-être du mariage. Et, lorsque j'ai compris la nature de mes sentiments, il était trop tard pour reculer.

— Tu as dit « Oui, je le veux » devant le juge alors pour tes enfants ?

— Oui, et pour la famille, les invités, l'image... Je n'imaginais pas une seule seconde tout mettre par terre. Le traiteur et la salle des fêtes étaient déjà payés, les cartons d'invitation envoyés. On te dit que devant le maire tu as encore le choix de dire oui ou non, mais la machine de guerre que tu risques d'enclencher si tu te rétractes et l'investissement que tu as mis lors de la préparation du mariage te font y réfléchir par deux fois avant de dire non. Et puis, durant cette période, il y a toujours des doutes. Alors, je croyais que c'était la peur du mariage qui me mettait dans cet état, que c'était normal.

— Waouh. Et aujourd'hui, comment ça se passe avec ton ex-mari ?

— Nous sommes amis. Lui a gardé la maison que nous avions retapée tous les deux, et moi j'en ai acheté une autre. Nous fêtons encore Noël et les anniversaires des enfants ensemble.

— Ah bon ?

— Oui. On s'est dit que, lorsqu'on aurait quelqu'un de sérieux dans nos vies, on s'en parlerait avant de le dire aux enfants, mais ce n'est pas encore le cas.

— Eh bien, il va falloir que de l'eau passe sous les ponts pour que j'en arrive à cette même situation, releva Anne. Je pense d'ailleurs que cela n'arrivera jamais...

Une des jumelles se rapprocha de leur table.

— Maman, j'ai envie de faire pipi.

— Tiens, qu'est-ce que je te disais ! lança Jessica à l'intention d'Anne, en attrapant la main de sa fille pour aller aux toilettes.

L'heure du déjeuner arriva ; il était temps d'aller commander les nuggets et les frites pour les enfants. Le repas se passa aussi bruyamment que la matinée, mais les enfants prenaient beaucoup de plaisir dans cette aire de jeux et s'amusaient comme des petits fous. On eut même droit à un « Maman, tu es la plus gentille de la terre ». Ah, des voyous ! Mais qu'est-ce qu'on les aime, ces crapules…

L'après-midi se déroula comme la matinée. Même les mamans se prêtèrent au jeu en accompagnant les enfants sur les toboggans et dans les structures en mousse. Quelques tours de voiture électrique sur le mini-circuit prévu à cet effet, et le retour à la maison dans l'auto se fit sous les ronflements des enfants.

Après une bonne douche, toute la marmaille fut mise au lit. Une journée pareille était épuisante pour tout le monde. Le calme retrouvé de la maison reste le meilleur des remèdes contre un mal de tête persistant.

***

Le vendredi suivant et après une semaine particulièrement éprouvante avec ses enfants peu enclins à lui faciliter la tâche, Anne décida que, ce soir, elle lâcherait prise. Le grand gagnant de cette « séance décompression » serait son homme. Une soirée coquine en perspective…

Elle voulait lui faire plaisir et se mit à réfléchir sur la manière de s'y prendre. Une vieille tenue traînait tout en haut de ses placards et elle n'avait pas eu le courage de la remettre depuis quelques années. Une tenue ou plutôt un déguisement : ce soir, une infirmière serait de sortie… Une infirmière un peu spéciale dotée d'un porte-jarretelles blanc et d'un large serre-tête muni d'un ruban blanc avec en son centre une croix rouge rappelant le logo d'une association française. Ajoutez à cela des talons aiguilles noirs, et nous sommes prêts pour la suite de l'histoire.

Mais, avant cela, expliquons qui est Téo.

Téo était un homme de quarante ans, chauve, et qui occupait une place importante dans une société de BTP. Anne et lui s'étaient contactés via Tinder, le site de rencontres. Ils n'avaient pas discuté longtemps et s'étaient rencontrés dans un restaurant sans presque rien connaître l'un de l'autre. Téo n'habitait pas trop loin du domicile d'Anne. Cette dernière ne laissait jamais son numéro de téléphone sur le site ; aussi, Téo s'était mis comme challenge de le récupérer en partant, en vain. La rencontre avait pourtant été charmante, Téo était galant et la soirée s'était très bien passée au restaurant.

Ils avaient eu la nuit pour réfléchir. Le lendemain, c'était l'anniversaire de Téo. Il fêtait ses quarante et un ans. Anne lui avait envoyé un texto :

« Joyeux anniversaire, Téo. Voici mon cadeau : 06 82 56 ** **. »

Il lui avait répondu dans la foulée :

« Il ne fait aucun doute que c'est le plus beau cadeau que l'on me fera aujourd'hui. Et si le cœur t'en dit, je fais une soirée "pizzas" à la maison avec mes collègues et des amis pour fêter mes quarante et un ans. Tu es la bienvenue. »

Elle avait accepté sans réfléchir et ils s'étaient donc vus deux jours de suite, histoire de renouveler l'expérience. La soirée avait de nouveau été couronnée de succès. Dans l'euphorie de la fête, ils avaient décidé de se rencarder encore une fois le surlendemain. C'était un jeudi, jour de sortie pour Téo et ses amis. En effet, c'était un groupe d'expatriés – Téo était belge – et, pour eux, le vendredi était synonyme de retour dans leur ville natale. Le jeudi, c'était donc presque le week-end pour cette bande de copains, alors ils sortaient.

Anna et Téo avaient passé la soirée à Paris et, en rentrant au domicile de ce dernier, cette fois-ci Anne n'était pas repartie dormir chez elle. Voilà pour les présentations et le contexte.

L'histoire peut désormais continuer…

C'était la période des attentats et on trouvait un peu partout des vigiles, des agents de sécurité et des policiers qui procédaient à des contrôles routiers. À l'approche du village où habitait Téo, Anne dut s'arrêter. La route que devait normalement emprunter Anne était barrée. Un agent de la circulation était posté à cet endroit et, comme elle ne savait pas quelle déviation prendre, elle décida de se renseigner auprès du policier. Consulter son GPS aurait été plus judicieux mais, dans ce cas précis, elle n'y avait pas pensé. Et c'est en ouvrant sa fenêtre pour demander sa direction à l'agent de police qu'Anne s'était souvenue qu'elle était en petite tenue. Même si le manteau cachait une bonne partie de son déguisement d'infirmière, restaient visibles le serre-tête avec le logo de la Croix-Rouge et les bas en résille blanc qui en disaient long sur la suite de la soirée. À ce moment précis, Anne devint rouge écarlate. Dans le noir, ça se voyait moins, mais un large sourire s'était formé sur les lèvres de monsieur le policier. Il aurait de quoi raconter en rentrant ce soir du bureau…

Anne reprit enfin sa route, celle indiquée par l'agent, et arriva à bon port, chez Téo. Elle était encore toute bouleversée par cette scène extrêmement gênante. Elle était tellement honteuse de ce qui venait de se passer qu'elle n'avait pas réussi à se concentrer et à faire l'entrée qu'elle avait imaginée quelques heures plus tôt et qu'elle n'avait pas arrêté de ressasser, car elle voulait faire son plus bel effet. Mais c'était compter sans Zorro, ou plutôt Téo, qui avait fini par arriver à sa rescousse pour la consoler et dédramatiser cet épisode plutôt marrant à son goût. Téo se fichait pas mal que la surprise d'Anne ne se soit pas déroulée comme elle l'avait prévu. Il prit sa belle dans ses grands bras et l'emmena directement à l'étage, direction la chambre à coucher.

La suite n'est pas dévoilée dans ce livre…

(Oui, je sais… je n'ai pas les détails non plus pour vous conter leur soirée. Anna Chocolat. ☺)

***

En sortant de l'institut de beauté, Claire et Jessica étaient revigorées et en même temps toutes raplaplas.

— Bon, je crois que, finalement, nous allons troquer la soirée danse contre une soirée au restaurant en amoureuses. Qu'est-ce que tu en dis, Claire ?

— Oui, ça me va très bien. Je suis crevée. Tu veux manger indien ? Il y a le restaurant qu'on aime bien, un peu plus loin.

— Oui, parfait.

Une fois installées dans cette ambiance feutrée typique des restaurants indiens, les filles dégustèrent tranquillement et en silence leur apéritif. Elles picorèrent des papadums, ces petites galettes indiennes craquantes à base de farine et de haricots urd (encore appelés soja noir).

— Alors, as-tu regardé ton téléphone au fait ? lui demanda Jessica.

— Non, pas encore. Je vais regarder maintenant, tu as raison, lui dit Claire qui, mine de rien, était excitée comme une gamine découvrant un nouveau jouet.

— Tu vas avoir des suggestions d'hommes qui sont dans le périmètre que nous avons déterminé ensemble tout à l'heure, et maintenant il faut juste que tu cliques sur le cœur à droite pour garder un profil ou sur la croix à gauche pour dire que tu n'es pas intéressée. Mais le système ne signalera que les affinités acceptées des deux côtés. Tu as compris ?

— Oui, je ne suis pas idiote non plus, ma chère Jessica. Je sais que nous ne vivons pas sur la même planète mais tout de même. J'ai cliqué sur le cœur vert de quelques profils et j'ai deux affinités apparemment.

— Très bien, montre-moi.

Claire lui tendit son téléphone.

— Nous avons : Cyril, trente-huit ans, à neuf kilomètres de toi ; et Renan, quarante-deux ans, à quatre kilomètres. Parfait.

Jessica poursuivit :

— Et nous avons comme information dans le premier profil Tinder : « *Parce que le quotidien ne me permet pas de faire de nouvelles rencontres, pourquoi pas faire connaissance autour de quelques verres ?...* » Et rien pour le second. Je serais toi, j'attendrais demain, lui dit Jessica, et si tu n'as rien d'autre, tu engages la conversation. Qu'en penses-tu ?

— Je ne suis pas pressée, lui répondit Claire. Je vais attendre un peu plus, pour avoir un homme galant.

— D'accord.

Le dîner fut servi, et les plats furent aussi bons que dans leurs souvenirs. À vingt-deux heures trente, les filles rentrèrent chacune chez elles. Un après-midi de spa et de relaxation était finalement très fatigant.

***

Quelques jours plus tard, Claire décida d'organiser à son tour un dîner entre amies chez elle. Elle invita son amie Jessica qui proposa à Anne de se joindre à elles deux. Cette dernière demanda si elle pouvait venir accompagnée de son amie Sabine, parce qu'elle avait cassé ses lunettes et n'était pas en mesure de conduire.

C'était la première fois que nos quatre héroïnes étaient réunies.

Chacune avait cuisiné un plat qu'elle était fière de présenter et d'expliquer aux autres. Le thème de la soirée était « cuisine d'ailleurs ».

Claire avait préparé un tajine de poulet aux pruneaux ; Jessica, des amuse-bouches variés ; Anne, des mignardises pâtissières ; et Sabine, des rouleaux de printemps et des samoussas maison. Le tout assorti d'alcool ! La soirée put donc se lancer.

On en revenait toujours au sujet qui les préoccupait le plus : les hommes. Les relations entre hommes et femmes étaient souvent à l'honneur dans ce genre de soirée, juste après la question des enfants qui permettait de démarrer les discussions.

Jessica annonça la couleur :

— Est-ce que quelqu'un peut me dire quelle nuance il y a entre des sexfriends, des plans cul et des relations amoureuses ? J'en ai ma claque de tomber sur des mecs qui me parlent de « relation sans prise de tête », comprenez « sans engagement », sans parler de ceux qui précisent ne vouloir que des choses légères.

C'est Anne qui se lança dans une première explication :

— Pour moi, les sexfriends sont des amis qui ont des affinités sexuelles. Cela veut dire que l'on reste en contact, régulier ou non, et qu'on s'intéresse aussi à la vie de l'autre. Bien souvent, une telle relation s'arrête côté sexe et devient une amitié, ou alors s'arrête tout court. Les plans cul sont des rendez-vous « d'un soir », mais on n'a pas forcément conscience dès le début que c'est une liaison purement charnelle. C'est souvent après la découverte sexuelle que le jeu perd de son intérêt, pour l'un des partenaires ou les deux, et du coup ça s'arrête aussi vite que ça a commencé. On ne sait rien de la vie de l'autre et on s'en fiche d'ailleurs ! Les relations amoureuses, elles, sont exclusives : un couple normal, en somme.

Claire était outrée d'entendre ça.

– C'est n'importe quoi ! s'écria-t-elle. Et il est où, le prince charmant, dans tout ça ? Enfin, un mec normal qui ne profite pas des filles pour s'amuser et qui s'investit dans une relation amoureuse… qui donne de sa personne, quoi !

Sabine intervint :

– Claire, il n'y a pas que les hommes qui raisonnent ainsi. De plus en plus de femmes recherchent pareillement des relations d'un soir ou de quelques soirs. Je ne dis pas que je cautionne cela mais c'est devenu une réalité, surtout dans notre tranche d'âge. Après tout, des adultes consentants peuvent assumer leurs envies, qui parfois sont juste sexuelles. À vingt ans, c'est difficile pour un garçon de dire à une fille : « Je voudrais juste coucher avec toi parce que tu me fais envie. » À quarante ans, c'est plus facile d'accepter ce genre de comportement, car on ne cherche plus forcément à construire un cocon familial, mais juste à passer quelques moments agréables. C'est comme un bon restau : on n'irait pas tous les jours, sinon ça deviendrait la cantine, et ça, on n'en a pas envie.

— Je suis navrée d'entendre ça. Dans quel monde vit-on ? s'alarma Claire, effondrée.

— Dans un monde de consommation, enchérit Jessica. Aux États-Unis, dans certains États comme celui de New York ou la Californie que j'ai pu visiter, au Canada aussi, les gens sont beaucoup plus libérés que nous. Ils assument assez bien cette nouvelle liberté sexuelle, et même des comportements encore pires. Il y a aussi des abus. Aux States toujours, il est devenu inconvenant, pour un patron par exemple, de recevoir une femme seule dans un bureau fermé. Pour éviter les problèmes, la porte reste donc ouverte pendant les entretiens. Ainsi, la secrétaire, ou le personnel voisin, pourra attester que l'homme n'a pas abusé de la dame. Les femmes se font quelquefois rémunérer pour qu'elles retirent leur plainte, si jamais elles en ont déposé une et que le jugement est susceptible d'aller dans leur sens.

— Il y a de nouvelles mœurs aussi. Certains couples ou même des personnes seules vont dans des clubs échangistes ou des soirées privées, ajouta Sabine.

— Ouais, c'est glauque ça, répondit Claire.

Sabine ne répliqua rien.

Les amuse-bouches et les entrées se mangèrent avec appétit. Dans les fêtes entre nanas, tout comme dans celles entre mecs, du moment qu'il y a à boire et à manger, tous les ingrédients sont réunis pour passer une bonne soirée.

— Bon, allons dans la salle à manger. Le tajine est chaud, déclara Claire.

— Chic ! J'ai soif et j'ai faim ! dit gaiement Anne.

Les conversations à table furent dorénavant plus centrées sur les enfants. Ces chères têtes blondes devaient avoir les oreilles qui sifflaient. Tantôt on les haïssait, tantôt on les adorait. Les discussions se portèrent sur les bobos, les rhumes, les allergies, l'école, les vêtements, les relations avec la famille, les sorties, les dépenses, etc. Il y avait l'embarras du choix et de quoi occuper les filles jusqu'à tard dans la nuit.

***

En ce mois de septembre, la Coupe du monde de rugby avait lieu. Un soir, Sabine et Claire, qui avaient bien sympathisé et discuté lors de leur dernière rencontre chez Claire, eurent envie d'aller danser. Les deux autres filles n'étaient pas disponibles : Anne était malade, clouée au lit avec un gros rhume et un mal de tête carabiné, et Jessica avait ses enfants à garder ce week-end.

Elles avaient entendu parler d'un bar dansant à Paris qui pourrait bien leur plaire. Après avoir mangé convenablement à la maison, les filles s'apprêtèrent pour sortir. Sabine avait déjà déjeuné non loin de l'établissement en question, qui était situé dans un quartier agréable de Paris, et elle s'était même promenée dans le coin avant de repartir travailler.

Une fois qu'elles furent arrivées à destination, elles constatèrent que l'ambiance était animée. Il y avait du monde, beaucoup de monde, et il faisait chaud. Les filles ne pensaient pas que ce serait aussi bondé ; il fallait se frayer un passage pour avancer dans le bar complètement transformé en boîte de nuit. On était loin des discothèques de leur région, plus grandes et plus spacieuses afin de pouvoir danser et se déhancher en toute liberté.

Les filles se firent repérer assez rapidement.

— Est-ce toujours aussi simple de faire des rencontres à Paris ? s'amusa Claire.

– Non, ma biche. C'est même plutôt difficile de nos jours, en dehors du cercle élargi des amis, des sites de rencontres et du travail. Toutefois, il subsiste encore des lieux où il est possible de faire des rencontres que l'on pourrait qualifier de « naturelles », lui dit malicieusement son amie.

Claire ne s'était toujours pas lâchée sur le site de rencontres que son amie Jessica lui avait installé sur son téléphone. Aussi, elle retenta la méthode dite « naturelle » pour nouer de nouvelles connaissances.

De son côté, Sabine se laissa séduire par un petit jeunot de vingt-cinq ou trente ans. Elle trouvait cela rigolo. Et puis, bon, on n'avait qu'une vie après tout…

Claire, quant à elle, fit la rencontre d'un gendarme. La soirée était agréable, bon enfant, quand Sabine soudainement aperçut dans la boîte de nuit le copain de sa nièce, alors qu'elle fricotait avec son jeune pubère. Elle eut un moment de panique. Son divorce lui causait déjà un peu trop de soucis à son goût, et elle n'avait pas envie d'ajouter un motif de tension. Elle se rassura en se disant que le bar était plein et qu'il y avait peu de risques qu'il l'ait déjà aperçue. Si elle voulait poursuivre la soirée, il lui faudrait dorénavant jouer à cache-cache. La fête ne fut pas pour autant gâchée, bien au contraire ! Ce fut plus palpitant, car finalement le danger de se faire surprendre était devenu une source d'adrénaline supplémentaire et mettait un peu de piment à cette escapade…

La soirée touchait à sa fin, il était temps de rentrer. Les filles se préparèrent au départ. Claire remercia son gendarme pour sa charmante compagnie ; ils avaient beaucoup discuté, malgré le bruit. Mais Sabine eut plus de difficultés à se défaire de son petit jeunot qui voulait s'incruster au voyage de retour.

Ah, l'assurance des femmes mûres pouvait faire des ravages… Le mythe de la femme cougar n'était donc pas faux.

***

Quelques semaines plus tard, lors d'une soirée qui se voulait entre filles, trois garçons s'ajoutèrent à la dernière minute à la table. L'une des filles présentes avait proposé à des amis de son club de piscine de se joindre à la fête qui se déroulait dans un restaurant sans prétention, avec une très grande cheminée pour faire cuire les grillades commandées par la clientèle.

Il était de coutume, pour les filles, de discuter des dernières histoires de chacune, mais la présence des garçons perturba quelque peu le déroulement de la soirée et les langues ne se délièrent pas aussi facilement qu'à l'accoutumée. Qu'à cela ne tienne, Anne et Jessica n'avaient pas leur langue dans leur poche ! Ces dernières s'étaient donné rendez-vous avec Sabine et Claire mais aussi avec quelques amies d'Anne qui n'avaient pas fait attention au caractère « obligatoire » de ce qu'induisaient les soirées dites « entre filles ».

La patience des garçons fut mise à rude épreuve.

Ils acceptèrent tout de même de se prêter au jeu, ou presque. De toute façon, ils étaient en minorité, ce qui ne les empêcha pas de se lâcher. Les hommes entre eux ne sont pas des plus délicats non plus. Les filles apprirent, lors de ce repas, les petits noms affectueux donnés par les garçons aux femmes ou à l'anatomie de celles-ci lorsqu'ils se retrouvaient entre eux. C'est ainsi que, les yeux ébahis, elles entendirent parler d'« escalopes », de « planches », d'« omelettes », de « troncs », d'« étoiles de mer », de « culs bien rebondis », de « coussins amortisseurs », ou encore de « chaudières » et de « chaudasses ». Très, très loin des idéaux romantiques, même évolués, des femmes d'aujourd'hui.

Dans les moments les moins tendres de nos hommes, il vaut mieux se boucher les oreilles !

Mais, ce soir-là, c'était compter sans la bouche des femmes présentes, qui se mirent à leur tour à parler de « taille minimale », de « diamètre », ou d'autres éléments comparatifs d'une certaine partie de l'anatomie masculine, jugée tantôt primordiale et indispensable, tantôt secondaire, mais jamais facultative, en fonction des femmes qui s'exprimaient.

La soirée était animée et, même si on pouvait constater un revirement de situation, c'est-à-dire les garçons d'un côté de la table et les filles de l'autre, des pauses cigarette ayant revu la configuration des places, chacun et chacune tendait une oreille ou jetait un œil pour savoir ce qui se passait et quels sujets de discussion étaient à l'honneur dans le camp du sexe opposé…

Le dîner fini, il était temps d'aller se dépenser en « guinchant sur le dancefloor » dans une boîte située quelques kilomètres plus loin. Une soirée bien arrosée pour les garçons, une soirée très dansante pour ces demoiselles.

***

Sabine était déconfite. Marc venait, pour la troisième fois, de refuser la conciliation de leur divorce. Ça faisait des années que cette procédure traînait, et elle n'en voyait toujours pas la fin. En outre, Sabine n'avançait pas non plus en termes de reconstruction. Comme ils étaient mariés sous le régime de la communauté, c'était un casse-tête chinois pour se mettre d'accord sur les conditions d'un divorce. Marc ne voulait pas donner à Sabine de prestation compensatoire, et Sabine exigeait de récupérer son héritage familial, investi dans les biens communs, pour se préserver des aléas de la vie, puisqu'elle n'avait plus personne pour l'aider si jamais elle rencontrait des difficultés. En somme, elle souhaitait assurer son avenir en cas de coup dur. Résultat de cette bataille juridique : une maison toujours à vendre et des mesquineries qui duraient depuis bien trop longtemps.

– As-tu réussi à avoir ton avocate au téléphone cette semaine ? lui demanda Anne.

– Oui, je l'ai eue hier après-midi.

– Les nouvelles ne sont pas bonnes ?

– Non, Marc a refusé pour la troisième fois le protocole d'accord. C'est à croire qu'il ne veut pas divorcer et qu'il m'aime encore.

– C'est un enfoiré, oui ! lui répondit Anne qui voyait son amie enlisée depuis trois ans dans cette même situation. Il ne t'aime pas. Il ne veut pas perdre gros, c'est tout. Et même si c'était le cas, on l'… !

Anne était en colère et excédée par la petitesse de cet homme. Elle aurait tellement aimé voir son amie heureuse et débarrassée de cette paperasse. Cela faisait quatre années qu'ils vivaient séparément. C'était dément que ce fichu divorce ne soit toujours pas prononcé.

– Il a jusqu'à jeudi prochain pour nous dire ce qu'il veut encore. Et après, c'est nous qui déposerons une requête pour demander au juge d'accélérer les choses, de trancher. Ça a suffisamment duré.

– Oui, comme je te comprends. Mon divorce a duré un an et demi. Ça s'est plutôt bien passé mais, quand on est dedans, c'est toujours désagréable. Et puis, on n'avance pas sentimentalement et psychologiquement.

– À qui le dis-tu !

— Allez, viens, je t'emmène faire des emplettes, lui proposa Anne.

— D'accord, mais nous restons RAISONNABLES cette fois-ci, s'il te plaît. Je n'ai plus les moyens de mes ambitions.

— Vendu. On y va.

***

Novembre arriva avec ses journées grises et ses soirées froides. Jessica, pour ne pas se laisser aller, organisa pour ses amies une activité ludique : une soirée « sextoys ». Elle n'avait jamais testé le concept, mais elle se dit que ce ne devait pas être si différent d'une réunion Tupperware ou bijoux.

Pour l'occasion, elle avait invité toutes ses copines et les copines de ses copines. Elles étaient douze pour cette animation, douze à avoir répondu présentes. La démonstratrice arriverait pour dix-neuf heures trente au domicile de Jessica. La présentation pourrait commencer dès vingt heures. Claire était venue plus tôt pour l'aider à faire des petits amuse-bouches, mais aussi pour motiver et rassurer les troupes, qui débarquèrent à l'heure.

Des filles avaient refusé d'assister à cette soirée, car entre discuter en comité fermé de choses personnelles et intimes et s'exprimer en public sur leurs envies et ce qu'elles aimaient sexuellement, même devant d'autres femmes, il y avait là un fossé difficile à franchir.

La démonstratrice, une fois arrivée, fit tout son possible pour mettre à l'aise les filles qui avaient accepté de participer à cette réunion. Tout d'abord, il n'y avait pas que des jouets coquins mais aussi de la lingerie, des produits de beauté et des accessoires pour créer une ambiance agréable lors d'un moment romantique, comme des bougies ou de l'encens. Enfin, pour les achats de produits, Sarah, l'animatrice, avait demandé à Jessica de mettre à disposition une pièce séparée du salon afin de pouvoir rédiger les bons de commande en toute discrétion. Petite cerise sur le gâteau, Jessica annonça aux filles, dès le début des festivités, que celle qui ferait les plus grosses emplettes remporterait en cadeau une poudre légèrement sucrée au goût de barbe à papa, très agréable à porter et qui se mangeait ! Jessica bénéficierait également d'un petit pourcentage des ventes qu'elle transformerait à son tour en commande de jouets coquins et autres accessoires. En définitive, c'était une vraie réunion Tupperware !

Les filles semblaient détendues, l'ambiance était feutrée et déjà animée. Elles ne se connaissaient pas toutes, ou peu, mais le premier challenge, celui d'instaurer un moment de convivialité, semblait remporté.

Jessica, Claire, Sabine et Anne étaient réunies pour la troisième fois. Elles se revoyaient avec plaisir et on sentait déjà d'autres affinités se créer. Jessica et Anne regardaient leurs agendas respectifs pour planifier une nouvelle sortie avec leurs enfants. De leur côté, Sabine et Claire discutaient du plan de communication d'un nouveau produit que Sabine allait bientôt commercialiser dans son entreprise.

La démonstratrice annonça le début des réjouissances.

Elle commença par la présentation des accessoires soft tels que les bougies, les huiles essentielles et les produits de beauté. Puis fut déballée la lingerie sur laquelle elles passèrent beaucoup de temps. Chacune à tour de rôle ou ensemble, elles essayèrent, dans la salle de bain, les articles proposés, rouges, noirs, roses, etc., de diverses matières et même suggestifs. Il y en avait pour tous les goûts. C'était l'occasion aussi, pour celles qui étaient les plus à l'aise avec leur corps, de demander aux autres filles si elles trouvaient que tel ou tel sous-vêtement leur allait bien. Les commentaires fusaient : « Tu fais coquine », « C'est trop vulgaire, enlève-moi ça », « C'est super sexy, prends-le », « Je n'arrive pas à choisir. Lequel préfères-tu toi ? »…

Après ce long moment passé sur la lingerie, vint la présentation des sextoys et autres gadgets : vibromasseurs pour les plus populaires, lubrifiants à tous les goûts, anneaux vibrants, menottes, fouets, masques, etc. L'exposé de la démonstratrice fut accompagné de franches rigolades à la vue de ces accessoires aussi variés les uns que les autres.

Un concours de photos fut organisé pour terminer la réunion. Les clichés de ce petit jeu étaient bien sûr destinés à ne rester qu'au sein du groupe. Celle qui ferait la photo la plus singulière ou la plus coquine, en arborant un des accessoires présentés ce soir, aurait droit à un petit cadeau bonus. Ce fut une manière amusante de clore cette soirée qui avait été égayée par tous ces objets aguichants, ainsi que par nombre de gâteaux, bonbons et autres gourmandises. La démonstratrice, une fois ses commandes récoltées, annonça à cette joyeuse troupe, tout d'abord, qu'elle avait passé un excellent moment en leur compagnie et, enfin, qu'elle allait pouvoir offrir, grâce à leurs achats, un avoir d'une valeur de cent cinquante euros à l'hôtesse de la soirée. Tout le monde applaudit et Jessica s'isola à son tour pour choisir ses cadeaux.

C'était une certaine Myriam qui avait passé la plus grosse commande et qui remportait donc en cadeau la fameuse poudre magique. C'était un petit bout de femme à qui on aurait donné le bon Dieu sans confession !

***

Ce soir-là, Anne devait dîner avec l'un des prétendants dont elle avait fait la connaissance sur un site de rencontres : Sébastien. Au premier abord, il semblait être un homme très correct, aussi bien physiquement que mentalement. Ils ne savaient pas grand-chose l'un de l'autre, n'ayant pas voulu tout s'expliquer par écrit, afin de laisser planer une part de mystère comme dans une vraie rencontre. Ils s'en étaient tenus aux critères de base : la situation matrimoniale - en couple, célibataire ou en cours de séparation –, le nombre d'enfants et la profession. Le reste, ils allaient le découvrir maintenant…

– Bonjour, Anne.

– Bonjour, Sébastien.

– Tu as trouvé facilement le bar ?

– Oui, merci, lui répondit Anne.

Le début de la conversation fut un peu timoré mais, comme ils étaient tous les deux assez sociables, ils finirent par avoir une discussion plus rythmée.

– Tu as donc quatre enfants si j'ai bien retenu ? lui demanda Anne.

– Oui.

– Quatre d'une seule et même femme ?

– Euh, non. Trois avec ma femme et un petit garçon avec une autre.

– Et tu n'es plus avec la deuxième femme ?! Pardonne-moi si tu me trouves trop indiscrète, mais le petit est encore tout jeune…

– En fait, je n'ai jamais été en couple avec la mère de mon dernier.

– Ah bon ?

— Non. En réalité, et j'espère que cela ne va pas t'effrayer, la maîtresse que j'avais à l'époque est tombée enceinte. Ou plutôt elle ne m'a pas demandé mon avis pour avoir un enfant. Elle avait quarante ans et n'était toujours pas maman. Je suppose que cela me pendait au nez, bien que les choses aient été très claires entre nous deux.

— Tu ne l'aimais pas ?

— Pas vraiment. Je ne suis tout de même pas du style à avoir une liaison avec une personne que je n'aime pas. Donc, si, je l'appréciais. Disons que, dans mon couple, cela faisait longtemps qu'il n'y avait plus aucun rapport sexuel et qu'après plusieurs années passées ainsi, j'ai décidé de prendre une maîtresse pour combler ce manque qui me pesait cruellement.

— D'accord. Et ta femme n'était pas au courant, je suppose ?

— Non.

— J'ai une question assez intime et personnelle à te poser. Alors, si tu ne veux pas me répondre, tu ne me réponds pas. Je ne serai pas offusquée. D'accord ? le rassura Anne.

— Oui, pas de problème. Quelle est ta question ? demanda Sébastien.

— Est-ce que vous avez tenté de voir un sexologue ou un psychologue de couple pour ce souci ?

— Oui, bien sûr, mais cela n'a rien arrangé. Et lorsque ma maîtresse régulière est tombée enceinte, tout a explosé.

— Cette relation extraconjugale a duré combien de temps ?

— Quatre ans.

— Et ta femme n'a rien soupçonné ?

— Apparemment non, ou alors elle fermait les yeux sur mes écarts. Je ne sais pas.

— Waouh, c'est chaud. Tu n'as pas dit à l'autre femme que tu ne voulais pas de cet enfant ?

— Si, mais elle n'a pas voulu avorter. Tu sais, il y a des lois qui protègent les femmes vis-à-vis des hommes qui les ont mises enceintes afin qu'elles puissent se retourner contre eux, mais il n'existe pas de lois protégeant les hommes qui n'ont pas choisi d'avoir un enfant. Je n'avais pas le pouvoir de l'obliger à avorter.

— Tu as donc reconnu l'enfant ?

— Au début, non. Mais, au bout d'un an, je me suis dit que l'enfant n'y était pour rien, qu'il était de moi et que, de toute manière, si un jour elle voulait que je l'assume financièrement, elle aurait juste à porter sa requête devant un tribunal et elle aurait gain de cause.

— Tu n'assumes donc pas l'éducation de ton fils aujourd'hui ?

— Non, sa mère s'occupe de tout toute seule, aussi bien sur le plan financier que sur celui de l'éducation. Au bout d'un an, nous nous sommes mis d'accord tout de même pour que je le voie tous les vendredis après-midi.

— Le petit sait donc que tu es son père ?

— Oui, il m'appelle papa.

— Et il ne dit rien quant au fait qu'il ne te voit que rarement ?

— Non. En même temps, il a été élevé ainsi depuis le début, donc il n'a connu que ça.

— Waouh.

Anne n'en revenait toujours pas.

— Je pensais que l'époque où les femmes faisaient des enfants dans le dos des hommes était révolue, releva-t-elle.

— C'est à croire que non, lui rétorqua Sébastien. Mais aujourd'hui ça se passe bien avec le petit et sa mère. L'enfant connaît même mes parents, ses grands-parents. Pour ma famille, ça n'a pas été facile d'accepter la situation.

– Tu m'étonnes…

– Aujourd'hui, nous avons trouvé un équilibre. Et toi alors ? Assez parlé de moi.

– Moi, répondit Anne, mon histoire est très banale à côté de la tienne. J'ai été mariée une dizaine d'années, mon mari est parti avec sa maîtresse et je suis désormais divorcée et en pleine crise d'adolescence.

Les deux complices se sourirent.

Le rendez-vous était désormais bien avancé. Quand ils eurent terminé leurs verres, ils commandèrent finalement un plateau de charcuteries et de fromages. Les conversations étaient fluides, et ils ne se quittèrent que tard dans la soirée avec la promesse d'un prochain dîner.

C'était pour ces moments de partage qu'Anne appréciait les sites de rencontres. Il y avait certes du tri à faire mais, dans la plupart des cas, Anne ne se trompait pas et elle pouvait agrandir son cercle de connaissances avec des gens cultivés et intelligents. Son amie Jessica ne tombait pas toujours sur des personnes aussi intéressantes. Elle s'estimait donc chanceuse. C'est sur cette réflexion qu'elle rentra chez elle se coucher, n'ayant pas vu passer le chemin du retour en voiture.

***

De son côté, tranquillement allongée sur son canapé, Sabine bullait, tout en conversant avec son ami Josselin au téléphone. Josselin était un copain de la faculté, qu'elle avait perdu de vue pendant des années, mais Facebook avait fini par réunir les deux camarades dix ans après. Ils s'écrivaient très peu lorsqu'ils étaient mariés tous les deux, chacun de leur côté. Ils s'étaient ensuite séparés de leurs conjoints respectifs à peu près à la même époque, à six mois ou un an d'intervalle, et depuis ils se parlaient et prenaient des nouvelles l'un de l'autre tous les mois environ.

– Comment ça se passe avec ton amie ? lui demanda Sabine.

– Avec Déborah ?

– Oui, avec qui d'autre ?

– Bof.

– Bof ?

– Je crois que cette relation ne nous mènera à rien.

– À qui le dis-tu… Ça me paraît bien compliqué entre vous deux, mais bon, c'est ton histoire.

– Mouais.

– Qu'est-ce qui ne va pas ? le questionna Sabine.

– Nous ne nous voyons pas assez souvent sans les enfants, lui répondit Josselin.

– C'est sûr qu'avec tes deux louloutes et ses quatre enfants, votre relation est peu banale et démarre avec un petit handicap : six enfants en bas âge ! Tu imagines tes vacances ?

– Justement, non. Je n'arrive pas à me projeter, notamment pour les vacances où il me paraît bien difficile de pouvoir partir avec tout le monde… Et puis, j'ai l'impression qu'elle fait un pas en avant et trois pas en arrière.

– Tu dois te demander sérieusement si cette histoire de deux mois, qui est donc encore jeune, te fait plus de bien ou de mal.

– À chaud, je te répondrais que c'est plutôt la seconde solution. Mais bon, c'est dommage. Elle me correspond à tous points de vue, si on enlève la case « famille nombreuse ». Cependant, on se dispute déjà un peu trop à mon goût, alors que ça devrait être le bonheur sans nuages en ce début de relation. Ça finit par m'agacer.

— Effectivement... Après, il n'y a pas le feu non plus ! Tu n'es pas obligé de prendre une décision tout de suite. Laisse-toi quelques semaines encore, mais pas trop, car après tout le monde s'attache et c'est plus difficile de mettre un terme à une liaison, lui précisa Sabine.

— Oui, je sais. Je vais voir...

Ils mirent fin à leur conversation précipitamment, car l'heure avançait et Josselin devait aller chercher l'une de ses filles à la sortie de son cours de danse. Ils se souhaitèrent de bonnes fêtes de fin d'année. Une année assez remplie en faits divers. Une année de plus qui avait encore filé sans qu'on s'en rende compte.

Sabine faisait le bilan : elle avançait quand même. En un an, elle avait déménagé, changé de travail, avancé un « pouième » dans son divorce, s'était fait de nouveaux amis et s'était offert un beau voyage au soleil. Elle s'endormit sur son canapé et, lorsqu'elle se réveilla, le soleil de l'après-midi était déjà en train de se coucher.

***

Claire fit la connaissance d'Antonin sur l'application du site de rencontres, installée par son amie Jessica sur son téléphone portable. Cela faisait plusieurs semaines qu'ils échangeaient des messages désormais. Antonin habitait dans le sud de la France mais travaillait la semaine à Paris, d'où le « match » sur le site rendu possible par les critères de sélection de Claire. Elle n'avait pas imaginé cette situation, mais force était de constater que, par écrit du moins, son Antonin était très, très sympathique.

Cela faisait donc un mois qu'ils discutaient de tout et de rien, et c'était comme s'ils se connaissaient depuis longtemps. Antonin travaillait dans l'événementiel, ce qui était un job très prenant, tout comme le boulot de Claire. C'est Antonin qui mit les pieds dans le plat et proposa à Claire de se voir enfin en vrai. Claire n'était pas sûre d'être encore prête, mais elle restait néanmoins très curieuse de savoir à quoi il ressemblait, même s'ils avaient déjà échangé des photos.

Cela n'engageant à rien, Claire finit par accepter, et il était convenu qu'ils se verraient prochainement à Paris. Un jeudi soir fut arrêté dans leurs agendas. Le choix du lieu se porta sur un restaurant très classe : *Le Raphï*, dans le XVIe arrondissement de Paris. Claire était habillée pour l'occasion d'une longue robe noire et tenait une pochette dorée sous son bras droit. Elle n'en menait pas large quand elle aperçut ce grand dadais qui faisait presque vingt centimètres de plus qu'elle. Il l'attendait à la table qu'il avait réservée quelques jours plus tôt. Dès qu'il la vit, il se leva et lui tira sa chaise afin qu'elle puisse s'asseoir.

— Bonjour, Antonin.

— Bonjour, Claire. Tu es ravissante.

— Merci, toi aussi.

Cela ne ressemblait en rien à toutes les histoires racontées par ses amies, mais Claire savoura ces restes de galanterie de la gent masculine qui se faisaient plutôt rares. Ces messieurs, sous prétexte de l'égalité « hommes-femmes », revendiquaient désormais le droit de se comporter avec les dames comme avec leurs congénères masculins, et des gestes autrefois incontournables étaient dorénavant oubliés ou délaissés.

Ils reprirent leur conversation là où ils l'avaient laissée le midi par textos. Très occupés tous les deux, ils arrivaient tout de même à discuter un peu tous les jours. Si les premières minutes furent d'abord timides et hésitantes, la discussion sur le travail finit par briser définitivement la glace. Ils étaient tous les deux à l'aise sur ces sujets.

— Quel budget accordez-vous pour mettre en place la sécurité nécessaire à cet événement ? demanda Claire en faisait référence au dossier sur lequel Antonin travaillait.

Tout comme elle, il organisait des événements pour de grosses boîtes et était chargé actuellement de la mise en place d'un défilé pour une grande marque le mois prochain.

— Le devis n'est pas finalisé mais je dirais que ça va se situer dans une fourchette de quarante à soixante mille euros pour ce défilé, répondit Antonin.

— D'accord, dans la moyenne alors.

— Oui, je pense. La salle choisie est déjà bien équipée, donc le dispositif de sécurité devrait être minimal.

Antonin et Claire discutèrent longtemps, passant d'un sujet à un autre avec une fluidité inespérée pour Claire. Il n'y avait pas de moments de silence, ou juste quelques furtives pauses, le temps de s'observer et de se sonder. Déjà, l'un se laissait aller à une projection éventuelle, et l'autre était en proie à un grand trouble…

Malheureusement, Claire déchanta à la fin du repas. Antonin lui avoua qu'il vivait encore avec sa femme et sa famille dans le sud de la France quand il rentrait le week-end. Cette annonce fit l'effet d'une douche froide à Claire. Elle ne cautionnait pas cette situation et mit un terme à cette relation à peine démarrée en commandant un taxi pour rentrer. Antonin comprit sa réaction et n'essaya même pas de se défendre ; c'est tout penaud qu'il s'excusa de ne pas lui en avoir parlé plus tôt.

À peine rentrée chez elle, c'est en larmes qu'elle appela Jessica pour lui raconter sa soirée.

– C'était trop beau pour être vrai, n'est-ce pas ? demanda Claire, en colère, à son amie. Tu vois pourquoi je ne veux plus d'homme dans ma vie ?

Jessica essaya de calmer Claire qui était effondrée :

– Claire, si tu ne tentes rien, effectivement tu ne seras pas déçue ou malheureuse. Faire des rencontres et s'ouvrir aux autres, c'est aussi prendre le risque de souffrir.

– JE NE VEUX PAS SOUFFRIR !

– Claire, je ne sais pas quoi te dire pour te réconforter. Pour le moment, tu es en colère et c'est tout à fait normal, mais ne désespère pas. Tu as eu des échanges agréables par textos pendant un mois, c'est déjà ça ! Et une très belle soirée ! Tu peux te regarder dans une glace, c'est bien ce que tu as fait.

– J'ai perdu mon temps, oui ! Et du temps, je n'en ai pas. Quel gâchis !

– Écoute, prends une tisane bien chaude avec du miel, et je passerai te voir demain soir. Tu veux bien ?

– Non. Je vais mourir toute seule, je n'ai besoin de personne !

– Arrête de dire n'importe quoi et calme-toi. Au lit ! Je t'appelle demain matin. D'accord ?

– D'accord...

***

Il faisait beau, on était samedi. Anne venait de laisser ses enfants à leur père, non sans émotion. Les transitions, entre les semaines où elle avait la garde de ses petits monstres et celles où elle ne l'avait pas, étaient devenues aujourd'hui naturelles, mais les vingt premières minutes, dans un sens comme dans l'autre, étaient toujours aussi difficiles. Quand elle récupérait ses enfants, les premiers instants étaient à chaque fois un peu ardus, car passer une semaine seule, sans avoir à penser à quelqu'un d'autre que soi, était bien agréable. Aussi, quand elle retrouvait ses trois petits bouts de chou actifs et bruyants, elle avait toujours besoin d'un « petit » temps d'acclimatation, qu'ils ne lui laissaient guère d'ailleurs. À l'inverse, quand il s'agissait de leur dire au revoir à l'école, généralement le vendredi matin, là aussi l'émotion la saisissait inlassablement, amplifiée par l'impression de les laisser tout seuls qui lui pesait beaucoup. Elle n'aspirait pas à ça lorsque, plus jeune, elle rêvait à sa future vie de princesse, dans laquelle elle n'imaginait pas qu'elle verrait ses enfants une semaine sur deux. Nonobstant ces désagréments, force était de constater que cette situation comportait aussi certains avantages.

Elle décida ce matin de ranger toute sa maisonnette. Elle commença par la chambre des petits, laissée sens dessus dessous la veille au soir. Puis, elle s'occupa des vêtements sales qui débordaient de la panière à linge. Lors de sa « semaine maman », elle consacrait entièrement son temps à ses enfants, laissant de côté une bonne partie des tâches ménagères. Après un déjeuner pris sur le pouce, elle sortit direction sa salle de sport habituelle, où elle passait beaucoup de temps pour souffler et prendre soin d'elle. Elle y retrouvait également des filles qu'elle avait rencontrées là-bas.

Ce soir, il était prévu au programme qu'elle aille voir une pièce de théâtre avec une copine et qu'ensuite elles profitent d'un petit dîner à la maison. Une soirée comme elle les aimait, où les discussions et les rigolades seraient au rendez-vous.

***

Le lendemain, au petit matin, après une nuit agitée pour l'une et contrariante pour l'autre, Jessica, avant même de sortir de son lit, appela Claire, sachant son amie déjà au travail.

— Comment vas-tu, ma belle, ce matin ? demanda Jessica à Claire.

— Ça va. J'ai un trou béant dans la poitrine et Antonin me manque. Mais, à part ça, c'est la grande frite !

— OK, je m'en doutais un peu. Ce soir, on dîne à quatre. Anne et Sabine seront des nôtres. Aux grands maux les grands remèdes, plaisanta Jessica.

— Où va-ton ?

— Chez Pino. On va manger une pizza et un bon moelleux au chocolat. À cela tu ajoutes un mojito, et je te parie que ce soir tu dormiras déjà mieux.

— D'accord, opina Claire tout en faisant la moue. Du moment que j'oublie monsieur Double-Vie…

Le soir, les quatre filles, arrivées au restaurant, s'embrassèrent et commandèrent à boire.

— Je suis contente que l'on se voie, dit Anne. C'était une bonne idée. Quelles sont les news, mesdames ?

Sabine prit la parole :

— Pour moi, le boulot, ça va bien et, côté perso, je discute en ce moment avec un homme que j'ai eu l'occasion de voir deux fois. Il est sympa mais je ne ressens pas grand-chose à son égard. C'est grave, docteur ? dit-elle en plaisantant à ses amies.

Ça parlait boulot, mecs, enfants, voyages et sorties. Claire, qui ne s'était pas beaucoup exprimée jusque-là, commença à se détendre.

La femme d'affaires qu'elle était, passionnée par son métier, sortit de sa torpeur pour discuter d'un sujet qu'elle maîtrisait bien : son travail. Elle expliqua ce sur quoi elle bossait actuellement : un défilé pour le ministère. Elle était responsable de l'ensemble des actions de communication, internes et externes, destinées à faire connaître de tous la politique de défense de la France. Et, contrairement à ce qu'on pouvait penser, elle avait parfois des événements très sympathiques à organiser et à encadrer. Les filles étaient émerveillées par l'acharnement, le soin et la ténacité dont elle faisait preuve pour trouver des solutions à tous les problèmes auxquels elle était souvent confrontée.

Les pizzas et les desserts finis, elles décidèrent d'aller danser dans un pub parisien pour éliminer les centaines de calories prises au cours du repas…

Sur le trajet, les discussions allaient bon train.

Anne leur demanda :

– C'est quoi pour vous un bon coup ?

– Pourquoi est-ce que tu poses cette question ? lui demanda Jessica.

– Parce que j'entends de temps en temps les hommes parler ainsi et, à l'inverse, je me demandais ce qu'était un bon coup pour une femme.

– Ce n'est pas TMI comme question ? lui demanda Claire.

– C'est quoi TMI ? interrogea Anne.

– « Too much informations »…

Les filles éclatèrent de rire.

– Non, ce n'est pas TMI, Claire, lui répondit Anne. Pour moi, c'est un homme qui en a autant dans la tête que dans son slip.

– Punaise, Anne, tu es toujours aussi directe ? lui demanda Claire.

— Parce que tu crois que les hommes sont tendres quand ils parlent de nous ?

— Non, je suis sûre que non. Mais bon, moi, je ne peux pas te répondre. Je n'ai pas d'idée arrêtée sur ce qu'est un « bon coup ».

Sabine se lança :

— C'est un homme capable de charmer, d'être coquin tout en étant subtil. Pas un gros lourdingue.

— Coquin ? Qu'est-ce que tu entends par « coquin » ? s'enquit Jessica.

Sabine rougit légèrement.

— Eh bien, je pense que nous sommes toutes d'accord pour affirmer qu'un bon coup, c'est plutôt quelqu'un avec qui le feeling passe bien, très bien même. Quelqu'un avec qui on va avoir envie de tester ou d'expérimenter, pourquoi pas, certaines nouvelles choses, non ?

Les filles acquiescèrent et attendirent la suite.

— Et ? intervint Jessica.

— Et quoi ? sourit-elle. Bon, OK, j'ai parfois testé ce qu'on appelle des « clubs échangistes » ou des « soirées privées » en compagnie d'hommes avec qui je me sentais bien. Attention, ce n'est pas une chose que l'on fait à la légère et avec n'importe qui. Quoique... J'ai l'impression que les jeunes d'aujourd'hui s'adonnent de plus en plus facilement à ces pratiques qui semblent désormais désacralisées, même si notre éducation et nos religions sont encore omniprésentes et influentes dans notre société.

— Tu veux dire par là qu'il n'y a pas que des couples de cinquante ans dans ces clubs ? relança une des filles.

— Dites donc, vous me prenez pour une vieille ou quoi ? Eh bien, la vieille, elle aurait peut-être des choses à vous apprendre, ironisa Sabine, moitié vexée, moitié moqueuse.

— OK, pardon, ce n'est pas ce que je voulais dire, s'empressa d'ajouter Jessica.

Anne, très sérieuse, demanda à Sabine :

— Comment cela se passe dans ces clubs ? Donne-nous ton point de vue.

— Eh bien, tout d'abord, ce genre de lieu se présente comme un bar classique, ou presque… disons une petite boîte de nuit. Tu as bien souvent un bar, une piste de danse et un DJ. Tu peux même y dîner ou y déjeuner si tu veux, mais ce n'est pas de la grande bouffe par contre, plutôt un simple buffet.

— D'accord, mais comment ça se passe ? Tu arrives avec ton blazer noir et, après, tu te balades à poil ? lui demanda Anne, cette fois-ci avec beaucoup d'humour. Non, pardon. Plus sérieusement, les gens sont habillés comment ?

— Pour les femmes, le pantalon n'est pas autorisé. Tu dois être en jupe, en robe ou en short. Tu peux même opter pour une petite tenue dénudée si tu le souhaites. Les hommes sont en costume ou au moins en pantalon bien habillé, mais ils ne doivent pas porter de jean ni de baskets.

— Très bien. Et quelle est la moyenne d'âge des clients de ces clubs alors ? la questionna Claire qui s'était complètement détendue désormais.

— Il y a tous les âges. Enfin, tu trouves une majorité de quadras et de quinquas, voire plus, mais on peut y voir de plus en plus de couples de trentenaires, et même plus jeunes.

— Ce ne sont que des couples qui viennent ?

— Cela dépend du type de soirées. Tu as des soirées à thème selon les jours de la semaine. Le lundi, par exemple… je te dis cela au hasard… c'est ouvert aux hommes seuls, le mercredi seulement aux couples, etc. Cela évite justement que des couples ne se retrouvent qu'avec des hommes venus seuls, car les femmes qui la jouent solo sont beaucoup plus rares. Après, tu peux avoir des thèmes comme « dentelles », « rouge et noir », « blanc », « tropiques » ou je ne sais quoi d'autre. Les soirées sont aussi parfois agrémentées de bonbons, de fruits, de glaçons mis à disposition. Je le sais pour l'avoir vu une fois.

– Et tous les gens font leurs petites affaires ?

– Non. Tu fais ce que tu veux. Tu peux te contenter de discuter et de danser ou, si tu le souhaites, t'éclipser et faire l'amour avec ton partenaire ou avec un autre. Ou encore, avec ton compagnon, vous pouvez vous faire accoster ou aborder vous-mêmes d'autres couples ou des femmes et des hommes seuls. Il y a plusieurs pièces ou recoins où il est possible de s'isoler. Dans les étages ou dans les espaces excentrés, il y a plusieurs ambiances également, par exemple la salle des tortures comme dans *Cinquante Nuances de Grey*... Non, je plaisante ! se moqua Sabine qui voulait que l'interrogatoire soit moins studieux.

Les filles buvaient ses paroles.

– Et comment c'est agencé ? relança Claire.

Le côté professionnel de Claire était toujours en alerte, à l'affût de nouvelles idées pour ses équipes, même si cette fois-ci c'était un univers bien éloigné de celui dans lequel elle évoluait habituellement.

– Généralement, il y a une salle commune, assez grande pour accueillir plusieurs couples, accompagnés ou non de personnes seules, en même temps. Il y a souvent un espace où l'on peut s'installer pour regarder ce qui s'y passe à travers des grands ou des petits trous aménagés dans les murs. Tu trouves aussi d'autres pièces plus petites, pour deux couples par exemple. Tu es libre d'y faire ce que tu veux, dès l'instant que tu respectes les autres.

Les accès à ces clubs sont beaucoup plus chers par contre que ceux pour entrer en boîte de nuit.

— C'est-à-dire ?

— Si je me souviens bien, le prix de l'entrée était de soixante ou soixante-quinze euros pour un couple et de cent vingt euros pour un homme seul. Et attendez la suite… De mémoire toujours, c'était vingt euros pour une femme seule ! Visiblement, il n'y a pas assez de femmes.

— Et après, tu ne te sens pas sale ou gênée ?

— Claire, j'ai l'impression d'être une extraterrestre ! Je ne pense pas que ce soit bien, ni mal. Mais, pour des couples qui veulent découvrir autre chose, explorer ensemble un autre aspect de leur sexualité, c'est une meilleure solution que d'aller tromper sa femme ou son mari tout seul dans son coin, non ?

— Mais si l'un des deux aime ces pratiques et que l'autre non ? Si le premier veut continuer et pas son partenaire ? demanda l'une des filles.

— C'est un risque à prendre, lui répondit Sabine. Si on n'est pas certain de son couple, il vaut mieux s'abstenir. Cela ne sauve pas un ménage à la dérive, bien au contraire ; ça, c'est sûr. Ce serait se voiler la face. Il ne faut pas se lancer dans l'aventure dans ce cas. C'est un jeu sexuel à plusieurs. Après les vibromasseurs, mesdames, vous avez désormais les clubs ou les soirées privées !

— Et d'un point de vue hygiène, tu as confiance ?

— Franchement, oui. Certains clubs font vraiment kitsch et sont un peu désuets mais tu as, dans tous les établissements de ce type, une salle de bain avec des douches et de quoi te refaire une beauté : coton, lingettes, gel douche, déodorant en spray, serviettes de toilette, etc. Il y a aussi des préservatifs mis à disposition dans des corbeilles posées sur les bars ou sur des tables près des salles.

— Et tout à l'heure, tu as parlé de soirées privées. Il y a une nuance avec les clubs ? interrogea Anne.

— Oui, bien sûr. Les soirées privées ont lieu chez des particuliers. Généralement, les gens, seuls ou en couple, entrent en relation par l'intermédiaire de sites spécialisés. Ils sont libres d'organiser chez eux des soirées et d'y inviter qui ils veulent.

— Donc, c'est forcément des personnes qui se sont déjà croisées ou qui se connaissent ?

— Non, pas forcément. Sur ces sites de rencontres, cela marche par recommandations. Il y a des commentaires, des notes ou quelque chose qui s'y apparente sur les couples ou sur les hommes et les femmes seuls qui se sont créé une fiche. Mais bien souvent ils se connaissent, ou ce sont des amis d'amis ou des connaissances de connaissances. Ces applications rendent visibles les fiches des couples qui organisent les événements chez eux auprès d'autres couples dont ils ont présélectionné les profils. Cela permet de garder un relatif anonymat et de séparer, en définitive, la vie privée de la vie publique pour ceux qui le souhaitent, même si de toute manière les personnes qui s'inscrivent sur ces plateformes utilisent bien évidemment des pseudos. Ce que je sais également, c'est que, sur ces sites, les photos sont d'abord cachées dans des répertoires, et ce sont les utilisateurs qui décident de les rendre accessibles ou non aux personnes de leur choix.

— Et comment est-ce organisé une fois sur place ? demanda encore Claire.

— Les hôtes aménagent leur logis. Ils ajoutent des matelas, mettent à disposition des chambres, préparent un buffet pour favoriser les échanges et les discussions, etc. La musique contribue aussi à créer une atmosphère détendue. En fait, c'est la même préparation ou presque que lorsque tu reçois chez toi des amis à dîner. Les gens arrivent, discutent, mangent et font des câlins, puis mangent, discutent et refont des câlins, plaisanta Sabine.

– Waouh ! Et tu as déjà participé à tout ça ?

– Oui, quelques fois, avoua Sabine.

Une gêne s'installa.

– Mais j'ai une vie sexuelle comme les vôtres, les filles. Vous êtes en train de vous faire des films ou de juger les personnes qui s'adonnent à ce genre de pratiques.

– Non, tu as raison, lui répondit Claire. On ne connaît pas, c'est tout. Alors, nous sommes curieuses.

– Les clubs échangistes ou libertins ne sont pas ce qu'on imagine. Ce n'est ni sale ni glauque. En tout cas, pas ceux que j'ai eu l'occasion de tester. Je suppose qu'ils doivent avoir, en plus, des normes contraignantes d'hygiène et de sécurité. Ce ne sont pas des maisons closes.

– Et as-tu fait ça souvent ? reprit Jessica.

– Bien sûr que non. Comme je vous le disais tout à l'heure, pour reprendre le terme d'Anne, il n'y a pas de bons ou de mauvais « coups », mais plutôt des personnes avec qui l'on se sent assez à l'aise, ou non, pour partager certaines choses. Une relation saine, c'est avant tout, pour moi, avoir des désirs communs, une complicité qui vous fait oublier tous vos tabous habituels.

Les filles arrivèrent au bar. La chance était avec elles ce soir, car elles trouvèrent à se garer assez facilement : une aubaine dans ce quartier où il était difficile de trouver une place.

Claire annonça :

– Allez, les filles, je vous invite à boire un verre, c'est ma tournée. Nous allons fêter l'émancipation des femmes ! J'en ai appris plus en une heure de trajet en voiture avec vous, les filles, qu'en quinze ans de vie sexuelle.

L'ambiance fut joyeuse, et chacune savoura ce bonheur partagé de danser, discuter et s'épauler entre filles.

***

La vie reprit son cours, et nos quatre drôles de dames leur quotidien de femmes-mamans, femmes fatales ou encore femmes-pantoufles. Sabine et Anne se revoyaient ce jour, un mois après leur dernière escapade à Paris, pour boire un verre à la terrasse d'un café.

– Alors, tu cours partout en ce moment ? demanda Anne à Sabine.

– Oui, assez. Mais mon divorce, quant à lui, n'avance pas assez vite à mon goût, mais que veux-tu ? On ne maîtrise pas tout. Dans l'ensemble, ça baigne.

Après quelques instants où elle se perdit dans ses pensées, Sabine reprit la parole :

– Je me suis amusée l'autre jour à réfléchir sur nos vies.

– Comment ça ? demanda Anne.

– Eh bien, je pensais que la vie amoureuse se découpait en quatre. Comme les quatre saisons… La quatrième partie, je ne suis pas encore bien placée pour en parler, car elle est encore loin, mais c'est une hypothèse.

– Tu te poses des questions existentielles maintenant ? la taquina Anne.

– Oh, ça va. Attends que je t'expose mon point de vue avant de te moquer. Selon moi, dans notre parcours sentimental, il y a une première partie de vie, ou tranche de vie, qui s'étend de l'adolescence jusqu'au moment où nous aspirons à construire quelque chose avec quelqu'un. Nous avons un ou plusieurs amoureux. C'est une période où nous nous cherchons. On se fait des amis, on appartient à des groupes, on prend certaines directions, on fait certains choix : par exemple, de quel genre d'amis voulons-nous nous entourer ? À quel genre de clan souhaitons-nous appartenir ? Nous découvrons l'amour et ses jeux érotiques : comment séduire, comment convaincre ou comment conclure. Au début, nous pouvons être prudes ou très à l'aise ; cela dépend de notre tempérament, curieux ou timide, de notre éducation, mais aussi de notre relation à notre corps. La deuxième période s'étale entre vingt-cinq et trente-cinq ans, peut-être quarante ou même quarante-cinq ; cet âge limite a tendance à reculer de nos jours. Nous avons envie d'acheter notre premier appartement, notre maison, de faire un ou deux enfants, plus rarement trois ou quatre car c'est difficile de les assumer : il faut se lever la nuit quand ils sont petits, prendre en charge le coût de la vie et celui des études ; et puis, c'est dur tout simplement de leur offrir une bonne éducation. Vers la fin de cette deuxième période, on a l'impression d'avoir fait le tour. Comme je le disais, cela se produit à un âge variable selon les personnes. Mais, quand nous arrivons à ce moment précis, deux options s'offrent à nous. La première : le couple se soutient, il est encore solide et il sort vainqueur de cette crise ou de cette mauvaise passe, de l'ennui, de la routine ou parfois de certaines aventures. La deuxième : l'un des conjoints est plus fragile que l'autre et n'arrive pas à surmonter les difficultés ; ou alors il a changé ou a évolué différemment et aspire, à ce moment de sa vie, à autre chose. Dans ce dernier cas, il y a un virage à prendre pour le couple et pour la famille, et il se négocie plus ou moins bien. Mais, au bout du compte, personne ne sort de cette épreuve sans bobos. Attention, je ne dis pas que ces étapes du parcours amoureux s'appliquent à tout le monde. Certains feront le choix de vivre seuls, non pas parce qu'ils ne sont pas prêts à s'engager mais parce qu'ils n'ont pas trouvé leur perle ou alors parce qu'ils sont tout aussi heureux en étant seuls. Disons que ces saisons de vie correspondent à mon propre vécu et à ce que j'ai souvent observé dans mon entourage. Il ne faut pas oublier que la société juge aussi. Ce n'est pas toujours évident de se sentir différent et incompris par la communauté, son entourage ou tout simplement son partenaire, parce qu'on ne partage pas les convictions établies et qu'on ne rentre pas dans les standards de vie habituels : se marier, acheter une maison, faire des bébés, etc., pratiquer la monogamie aussi, alors qu'il existe le polyamour… La troisième période consiste donc soit en une reconstruction, soit en une explosion, ou encore en une affirmation de soi. Nous nous situons ici entre trente-cinq ans pour les plus précoces et cinquante-cinq ans pour ceux qui ont pris leur temps. Durant cette étape, nous découvrons ou redécouvrons les plaisirs simples de la vie, comme aller boire un verre sans demander l'avis ou l'autorisation de personne, ou nous nous laissons aller à des expériences complètement farfelues, comme se rendre dans des clubs libertins, ou se prendre une semaine de congé, parfois sans solde, tous les mois pour voyager et se couper de son train-train quotidien. On s'affranchit plus facilement du « qu'en-dira-t-on » et on devient quelque peu égoïste, parce que, quand on a passé tout son temps à faire attention aux autres, à les écouter, à vivre POUR les autres en somme, ça fait du bien de se recentrer sur ce qu'on aime… Pendant cette période, les enfants sont plus grands et on recommence à souffler, à sortir, à vivre ! La quarantaine est vécue comme une phase de renouveau à tous points de vue. Mais la cinquantaine n'est pas mal non plus, lui dit-elle en souriant. Enfin, nous arrivons à la quatrième et dernière étape. Les enfants sont partis de la maison. On entend souvent les parents dire qu'ils sont pressés de retrouver un peu de tranquillité mais, lorsque ce moment devient réalité, je pense que, dans bien des couples, on s'ennuie un peu. Tout au moins, il y a une période d'acclimatation à traverser où l'on doit prendre de nouvelles habitudes et apprivoiser ou gérer les changements qui s'opèrent. En somme, durant cette période, qui pour moi s'établit entre soixante et cent ans, nos rejetons finissent par nous manquer, quelquefois ou souvent, en fonction des tempéraments. Je suppose que, lorsque les enfants font leur vie de leur côté et par conséquent viennent voir leurs parents moins fréquemment, ces derniers, devenant plus vieux et/ou se déplaçant moins, trouvent le temps un peu long ; ils doivent espérer que leurs enfants ou petits-enfants leur rendent visite plus régulièrement... Les plus dynamiques comblent ce vide en voyageant tout le temps, et les plus casaniers restent à la maison à attendre les visites.

– Eh bien ! s'exclama Anne. Et tu as pensé à tout ça comme ça ? Sans raison particulière ?

– Bon, OK, je suis peut-être en mal d'amour, ou du moins je désespère quelque peu de trouver quelqu'un de bien. J'aimerais avancer et être accompagnée dans la vie, même si souvent je me fais la réflexion que vivre seule, c'est quand même génial et que je ne voudrais pas qu'un homme soit toujours dans mes pattes. Un jour la solitude me pèse, et le lendemain c'est fini, ironisa-t-elle.

– Je comprends. Je pense que je ressens la même chose, lui répondit sincèrement Anne. J'aimerais bien avoir un compagnon et, en même temps, cela me plaît de vivre avec mes trois enfants.

Je fais ce que je veux, sans avoir besoin de demander l'aval de qui que ce soit, et je me concentre sur mes gamins quand ils sont avec moi. Je n'aurais jamais cru dire cela un jour mais divorcer, ce n'est pas si mal : tu as une semaine en tant que maman et une semaine en tant que femme. Et c'est un bonheur incommensurable que d'avoir du temps pour soi, tout en profitant aussi des moments consacrés à la famille. Quelle liberté ! Quel luxe ! Même s'il y a parfois des petits coups de blues.

– Tu l'as dit…

– Viens, on y va, j'ai envie de bouger, annonça Anne.

Sabine acquiesça et demanda l'addition. Les filles partirent faire quelques emplettes dans les environs. Il faisait doux… et la vie était plutôt belle, quand on y réfléchissait.

***

Les fêtes de fin d'année étaient désormais finies, et janvier s'était écoulé à une vitesse folle, à tel point que les filles n'avaient rien eu le temps de voir passer. Toutes les semaines, il y avait une bonne raison pour manger une galette des Rois : vœux de la direction ou du service, réunions d'équipe, discussions sur la stratégie de l'année à venir, etc. Puis, février s'était installé et les bonnes résolutions tenaient encore.

Jessica était cassée. Elle s'était fait mal au dos lors d'un après-midi passé, avec ses collègues de travail, dans une structure couverte où il fallait réaliser des jeux physiques, en plusieurs étapes, en groupe : une activité « team building », comme ils appelaient ça, pour favoriser la cohésion d'équipe. C'était très bien pour resserrer les liens entre les membres d'un service, mais elle en était ressortie tout endolorie, sans doute à cause de l'insuffisance de sport, du manque de sommeil et des excès de malbouffe et de sucre ces derniers temps.

Elle décida d'aller voir son ami ostéopathe pour qu'il la remette d'aplomb.

— Comment vas-tu, Gilles ? lui demanda Jessica.

— Plutôt pas mal, merci. Alors, dis-moi, qu'est-ce qui t'amène ?

— Je crois que je me suis déplacé quelques vertèbres. Si je remue de trop, cela m'empêche presque de respirer correctement.

— Très bien, on va regarder ça tout de suite. Déshabille-toi et allonge-toi sur la table.

Non sans mal, Jessica réussit à enlever son tee-shirt et son pantalon.

Quelques manœuvres par-ci par-là, et Jessica se sentait déjà mieux. Le placebo mental avant le bien-être réel !

— Tu risques d'avoir un peu mal ce soir et demain, mais ensuite tout ira bien, lui indiqua Gilles.

— Je te remercie, tu as toujours des mains de fée, lui dit Jessica, très reconnaissante.

— À ton service !

— Alors, quoi de beau depuis ces quelques mois où nous ne nous sommes pas vus ? lui demanda Jessica. Je suis désolée, je n'ai pas pris le temps de t'appeler. Je n'ai pas vu les semaines passer.

— Pas de problème, j'étais moi-même très occupé. Les travaux de réagencement du cabinet avancent mais pas assez vite à mon goût, et je n'ai pas trouvé madame Gilles l'année dernière, ajouta-t-il en souriant.

— Ah, mince.

— Ne sois pas désolée. Ce ne sont pas les occasions qui manquent, surtout au cabinet d'ailleurs. Mais, bof, je ne suis pas emballé.

— Tu veux dire qu'on te drague au boulot ?

– Oui, bien plus souvent que tu ne le penses visiblement, répliqua-t-il de manière espiègle.

– J'avais entendu parler du fantasme de la blouse blanche mais, bizarrement, je ne pensais pas aux ostéopathes, ricana-t-elle. Et comment s'y prennent-elles ?

– Oh, de différentes manières, subtiles ou beaucoup plus flagrantes. Une fois, une patiente a déposé devant mon cabinet une boîte de chocolats avec un petit mot qui disait quelque chose du genre : « Je vous remercie de vous être si bien occupé de moi. J'avoue que, si cela vous tente, j'aimerais bien que nous allions boire un verre ensemble, pour faire plus ample connaissance. »

– Super ! C'est mignon et romantique, bien qu'un peu classique, commenta de manière enjouée Jessica. Et qu'as-tu fait après ?

– Au début, je lui ai dit que c'était gentil de sa part mais que j'avais quelqu'un. C'était vrai. Et, un mois après, j'ai fini par la recontacter et nous sommes sortis ensemble deux mois. J'ai mis un terme à notre relation car je n'éprouvais pas grand-chose pour elle, pas d'amour. C'était pourtant une chic fille mais elle méritait quelqu'un qui l'aime plus que moi.

– T'es mignon. Je suis fière de toi, lui dit Jessica en lui caressant la joue amicalement. Est-ce que toutes tes prétendantes s'y prennent ainsi ? Si c'est le cas, fais attention car tu risques de devenir obèse avec tous ces chocolats ! Mais je suppose que ces demoiselles ne manquent pas d'imagination pour attirer ton attention…

– Non, ce n'est pas tous les jours qu'on m'offre des chocolats. Ceux-là, je les ai donnés en plus. Mais, oui, il y a d'autres techniques. T'es vraiment une curieuse, toi !

– Non, pas plus qu'une autre fille, rétorqua Jessica en lui faisant un clin d'œil qui semblait lui demander : « Raconte ! »

— Eh bien, elles se dévêtissent parfois pour laisser apparaître des dessous affriolants et s'excusent en feignant de ne pas avoir réfléchi à ce détail vestimentaire, alors que le rendez-vous est planifié depuis plusieurs jours. Ou alors elles s'allongent et se retournent de façon bien trop suggestive à mon goût. Dans certains cas, je ne peux pas dire que cela soit déplaisant, bien au contraire, mais c'est tout de même un peu embarrassant. D'ailleurs, la plupart de mes patientes adoptent le comportement inverse ; elles sont souvent un peu gênées de se déshabiller devant moi. Il y a aussi celles qui me font des compliments sur la chaleur et la douceur de mes mains, en insistant sur le bien que cela leur fait, alors qu'il n'y a aucun geste thérapeutique à ce moment-là.

— Tu ne psychotes pas un peu, Gilles ? lui dit son amie en souriant. Ça donne l'impression d'être devant *Les Feux de l'amour* à quatorze heures en semaine comme les mamies, tellement cela fait gros. Et, en plus, je suis désolée de te le révéler ainsi, mais tu as les mains rugueuses.

— Non, non, je t'assure, je n'enjolive pas les choses. Et justement, ce côté trop facile n'est du coup pas tentant du tout. Une fois allongés, les gens se livrent incroyablement plus, et même sur des choses intimes qui ne concernent a priori pas ma discipline. Quand le feeling est là, et c'est souvent le cas car je ne suis pas un sauvage, eh bien les femmes deviennent plus avenantes. Certaines me parlent de leurs douleurs lors des rapports sexuels. D'autres se proposent d'enlever leur soutien-gorge alors qu'elles sont là pour soigner leur cheville, mais comme tout est lié dans le corps, on ne sait jamais… alors, je valide en fonction des anatomies.

— Dis donc, ce n'est pas correct ça, espèce de petit vicieux, plaisanta Jessica. Je crois que je vais reprendre mes études pour me lancer dans l'ostéopathie ! Après tout, je suppose que ça marche dans les deux sens : les hommes doivent aussi se montrer entreprenants lorsque c'est une femme qui les manipule.

— Tu sais, Jess, je ne vois pas le corps humain comme toi. Lors de mes études, tous les élèves s'auscultaient pour apprendre. Tout le monde se voyait presque nu, garçons comme filles.

— C'est dingue ça, lui dit Jessica en affichant des yeux ronds. Bon, c'était comme ça à ton époque ; je doute que ce soit encore le cas aujourd'hui.

— Crois ce que tu veux, ma petite Jess. En tout cas, toi, tu es réparée et tu n'as même pas enlevé tes sous-vêtements pour moi, lança Gilles en essayant de garder son sérieux, comme le ferait un petit enfant qui se retient de sourire quand il est disputé.

— Je te remercie, lui rétorqua Jessica avec le même sourire. J'espère qu'on se reverra plus de trois fois dans l'année et en dehors de ton cabinet bien sûr.

— Avec plaisir, lui répondit Gilles.

***

Pendant ce temps, Claire, qui avait réussi à faire le deuil de son Antonin, était tout de même angoissée et anxieuse à l'idée de rencontrer un autre homme. C'était dingue comme elle arrivait à prendre le dessus et à se remettre sur les rails rapidement lorsqu'il s'agissait de son travail, alors que, dans sa vie privée, elle n'arrivait pas à rebondir et doutait constamment d'elle et des autres.

Elle avait rencontré un certain Philippe sur Tinder, il y avait maintenant un mois et demi. Ils s'étaient déjà vus une fois à Paris pour boire un verre lors d'une pause déjeuner et retentaient l'aventure ce soir avec un petit dîner sans prétention chez Philippe. En gentleman, il lui avait dit qu'il lui enverrait un Uber pour venir la chercher chez elle, car elle n'avait pas de voiture, et qu'il en appellerait un autre pour la ramener après leur soirée.

Elle avait discuté hier avec son amie Jessica qui l'avait mise en garde sur ce qu'il pourrait se passer lors de cette soirée au domicile de Monsieur. Elle ne se sentait pas prête à aller plus loin avec lui et souhaitait juste passer un bon moment.

Philippe travaillait souvent très tard ; c'était pourquoi il avait proposé qu'ils se retrouvent chez lui, en toute simplicité, pour discuter plus longuement et de vive voix avec Claire plutôt que par téléphone.

Une fois qu'elle fut arrivée à destination, Philippe ouvrit la porte à Claire et la débarrassa de son manteau.

— Viens, il faut monter les escaliers pour aller au salon.

Philippe habitait un duplex très charmant, bien décoré mais qui manquait visiblement d'une présence féminine pour le rendre plus cosy et mettre en avant tout son potentiel.

— As-tu réussi à terminer ce que tu faisais cet après-midi ? lui demanda Claire.

— Pour tout t'avouer, non. Demain, j'irai travailler plus tôt pour finir ce dossier et ne pas prendre de retard.

Philippe travaillait pour la mairie de Paris et était en charge, avec son équipe, de toutes les manifestations communes aux différents arrondissements. L'installation d'une patinoire éphémère dans Paris avait rencontré un vif succès, il fallait désormais la démonter et préparer le prochain événement.

— D'accord. Je ne resterai pas tard de toute manière.

— Non, non, ne t'inquiète pas. Je dors peu de toute façon, tenta de la rassurer Philippe.

Claire était nerveuse, Philippe le voyait bien mais se garda de le lui dire.

– Que veux-tu boire ? J'ai à peu près tout ce dont tu pourrais avoir envie.

– Je prendrai la même chose que toi.

– Très bien, alors ce sera du champagne.

– Parfait.

Philippe avait commandé des pizzas et décongelé des amuse-bouches de chez Picard.

Claire commença à se détendre.

– La campagne de recrutement pour le ministère de la Défense a bien fonctionné cette année ? lui demanda Philippe pour la mettre à l'aise et la faire parler de ce qui la passionnait, son travail.

– Oui, très bien. Les différents sites ont eu beaucoup plus de postulants que de postes à offrir cette fois-ci. Ça n'a pas toujours été le cas ces deux dernières années. On attaque les formations désormais.

Les langues se délièrent et les deux acolytes discutèrent sans qu'il y ait de blancs ou de silences gênants, preuve que tout se déroulait pour le mieux.

Les pizzas arrivèrent et Philippe commença à piocher une part prédécoupée et à manger avec ses doigts dans son assiette. C'était loin du rendez-vous romantique que Claire avait imaginé mais, à bien y réfléchir, elle n'aurait pas aimé que l'atmosphère soit trop fleur bleue. Elle se sentait très bien et n'avait pas forcément envie de repartir, sans souhaiter pour autant que ça aille plus loin. Il commençait à se faire tard et la soirée se terminait sans que Philippe ait tenté quoi que ce soit. Il semblait pareillement heureux et satisfait de ce moment de complicité. Vers minuit et demi, il lui demanda si elle voulait qu'il lui appelle un taxi. Elle acquiesça et retourna chez elle, souriante et tout heureuse de cette super soirée.

Le lendemain matin, elle repartit au bureau, tout comme Philippe, et ils reprirent par textos leur conversation là où il l'avait laissée la veille.

***

Sabine s'ennuyait chez elle. Elle ruminait perpétuellement les soucis liés à son divorce qui n'avançait pas, et pour autant elle entendait profiter de la vie.

On lui avait récemment parlé des massages tantriques, mais elle ne savait pas vraiment de quoi il retournait. Sur Internet, on pouvait lire :

« *Envie d'éveiller votre sensualité, d'exacerber vos sens, d'érotiser votre vie sexuelle ? Découvrez le massage tantrique où l'abandon de soi ouvre les portes du plaisir… Alors, prête à atteindre le septième ciel ? Voici quelques bonnes raisons de pratiquer le massage tantrique :*

1) un échange amoureux subtil ;

2) un massage, où les protagonistes sont nus, avec des huiles essentielles ;

3) des mouvements libres, un massage qui fait vibrer tout le corps ;

4) des émotions libérées ;

5) un massage sensuel ;

6) un vrai moment à deux.

Le massage tantrique permet d'aborder la sexualité d'une autre façon. »

(Source : AuFéminin.com)

Elle avait aussi discuté avec un homme sur un autre site de rencontres qui s'appelait « Badoo ». Cet homme pratiquait le massage tantrique, dans le but de partager son savoir, mais à l'époque elle avait laissé leur conversation en suspens, sans jamais avoir eu le cran de se lancer dans cette expérience. Ils avaient bu un verre une fois, puis ne s'étaient jamais revus. Pourquoi ? Sabine ne s'en souvenait pas, mais ils ne s'étaient pas quittés en mauvais termes en tout cas. Il exerçait en tant que masseur gratuitement et avait assuré à Sabine qu'il ne faisait cela que pour le plaisir de la femme, et non pour son propre plaisir qui était secondaire, voire inexistant en fonction de la situation. Sabine ne l'avait pas pris au sérieux mais, aujourd'hui, une journée pas faite comme les autres, elle avait envie de tenter l'aventure.

Elle décida de lui écrire :

« Bonjour, Grégory. Es-tu en ligne ? Est-ce que tu es disponible pour discuter ?

– Bonjour, Sabine. Oui, bien sûr. J'ai fini mon taf, je suis de repos jusqu'à lundi prochain. Comment vas-tu depuis la dernière fois ?

– Bien, mais j'ai envie d'évasion.

– Très bien. Et tu sais que je peux t'y aider ?

– Oui, justement…

– Tu veux qu'on aille boire un verre avant ? Tout va bien tout de même ?

– Oui, oui, ne t'inquiète pas. C'est Marc qui me chagrine encore et toujours, pour changer.

– Je vois.

– On s'est déjà vus une fois et tu m'avais laissé une bonne impression, plaisanta-t-elle. Peux-tu venir à la maison ? lui demanda Sabine.

– Oui, si cela ne te dérange pas et si tu te sens dans de bonnes conditions.

– Oui. Il est hors de question que je continue de ruminer dans mon coin.

– D'accord. Tu veux que je vienne aujourd'hui ? Il faut en principe compter deux à trois heures pour faire un bon massage.

– Oui, cet après-midi si tu es disponible.

– D'accord, va pour cet après-midi. »

Quelques heures plus tard, Grégory arriva chez Sabine. Il était vêtu d'un survêtement et d'un pull fin. Malgré cela, il ne donnait pas l'impression d'être négligé, mais plutôt décontracté, et son visage rond ainsi que ses yeux doux mettaient tout de suite à l'aise.

Sabine se rappelait désormais pourquoi elle n'avait pas été attirée par cet homme. S'il lui avait paru en apparence très gentil, à en juger par le peu qu'elle avait vu de lui, elle n'avait rien ressenti de particulier pour lui, et leurs discussions après ce verre avaient fini par s'estomper pour ne plus se poursuivre. Ils n'avaient rien à partager.

– Bon, dis-moi alors ce que tu attends de cet échange, lui demanda Grégory.

– Rien de spécial, en fait. J'ai besoin d'évasion et, comme je suis curieuse, j'ai envie d'essayer le massage tantrique dont tu m'as parlé et que tu m'as proposé lors de notre première rencontre.

– D'accord. Est-ce que tu sais de quoi il s'agit ?

– Oui et non. Je me suis renseignée sur Internet. Les articles que j'ai pu lire évoquent, même s'ils ne le disent pas explicitement, que la plupart des massages tantriques conduisent à des rapports sexuels très sensuels.

– C'est à peu près cela. La relation sexuelle n'est pas une obligation.

Si cela te dérange, tu peux me le dire maintenant et je n'en ferai rien.

– OK. Je ne sais pas, on verra bien.

– Dis-moi où nous pouvons nous installer. Je crois que tu as besoin d'un bon massage, ma Sabine.

– Oh, tu ne sais pas à quel point ! lui répondit Sabine.

Ils allèrent jusqu'à la chambre et se mirent nus, puisque c'est ainsi qu'il fallait procéder, comme l'avait expliqué Grégory à Sabine lorsqu'ils s'étaient vus la première fois.

Grégory commença à masser Sabine. Elle avait l'impression, pour le moment, qu'il s'agissait d'un massage tout à fait normal, hormis le fait qu'ils étaient nus comme des vers tous les deux.

– Est-ce que tout va bien ? lui demanda Grégory.

– Oui, c'est parfait. Tu as les mains douces et cela me fait le plus grand bien.

Le massage continua et, peu à peu, les paumes de Grégory s'immiscèrent sur des parties qui n'étaient habituellement pas sollicitées lors des massages classiques. Ses mains allaient et venaient, sans s'attarder sur les mêmes zones, et Sabine commença à gémir et à perdre le fil de ses pensées.

Elle tenta à son tour de le toucher, mais Grégory la repoussa et lui dit de ne penser qu'à elle et de se concentrer sur ce qu'elle ressentait, ce qui accentuerait son plaisir.

Le massage reprit de plus belle et devint presque une torture pour Sabine. Ils passèrent bien une heure et demie dans cette chambre à coucher avant que Grégory ne sorte doucement de cette dernière ; Sabine s'était assoupie.

Quinze minutes plus tard, réveillée, elle vint le rejoindre au salon et lui prépara un thé.

— Ton massage était tout simplement délicieux, lui dit Sabine. Je te remercie beaucoup.

— Je t'en prie. Tu es une femme magnifique, qui assume son corps et ce qu'elle ressent. J'ai également pris beaucoup de plaisir à te faire ce massage, et je suis content que cela t'ait plu.

— Pendant plus d'une heure, j'ai tout oublié. C'était génial ! ajouta Sabine.

Ils se sourirent et Grégory se leva. Après avoir embrassé sur le front Sabine, il lui dit :

— Je te laisse te reposer, tu en as besoin.

Sabine acquiesça de la tête sans prononcer un mot.

Grégory prit ses affaires, laissant Sabine dans sa bulle de bien-être.

***

Jessica appela Anne en panique. Les deux amies s'étaient rapprochées depuis leur dernière sortie avec les autres filles. Elles s'appelaient ou s'écrivaient désormais tous les jours.

— Qu'est-ce qu'il se passe, Jess ?

— J'ai un truc extrêmement gênant à te demander, mais c'est tellement embarrassant…

Jessica hésitait, elle ne savait pas comment aborder son problème avec Anne.

— De toute manière, tu n'arriveras pas à garder cela pour toi visiblement. Alors, lance-toi ! Arrête de tourner autour du pot.

Jessica demanda à Anne :

— Est-ce que tu as déjà eu des pertes abondantes lors d'un rapport ?

— Qu'est-ce que tu entends par « pertes abondantes », Jessica ?

— P... ! Je n'arrive pas à croire que je te parle de ça !

— Jess, que s'est-il passé ?

— Avec mon dernier ami, je n'ai pas eu un rapport sexuel comme les autres. Je n'ai pas pu maîtriser ce qui sortait de mon corps. Oh, mon Dieu, c'était la honte !

— Jess, on appelle cela une « femme fontaine ».

— Eh bien, c'était horriblement humiliant, et je ne veux pas recommencer cette expérience.

— Alors, j'ai une bonne et une mauvaise nouvelle, ma chérie, lui indiqua Anne. La bonne nouvelle, c'est que je suis certaine que cela n'a pas dérangé Monsieur, ou alors c'est un mufle qui ne sait pas apprécier les bonnes choses. La mauvaise, c'est que tu ne peux pas contrôler cela. Mais, si tu te laisses aller à ton plaisir, ce qui serait plutôt une heureuse circonstance, tu prendras justement du plaisir.

— Mouais... Eh bien, cela ne m'a pas plu... enfin, ce passage-là... C'était très gênant. Jamais je n'ai vécu pareille situation.

— Comment a réagi ton ami ?

— Il était plutôt content mais je ne sais pas si c'était de la politesse ou s'il a vraiment aimé cela. Il a essayé de me mettre à l'aise par rapport à ce qu'il s'était passé en me disant que c'était normal.

— Tu vois ! Ce n'est rien. C'est même plutôt une très bonne expérience. Tu viens de découvrir une autre facette de ton corps, ce qui va te permettre d'accroître ton plaisir.

Jessica restait dubitative mais semblait du moins un peu rassurée quant au fait qu'elle était normale.

— Je te remercie, mais quelle honte... Je ne pourrai pas revenir en arrière de toute manière. Il ne me reste plus qu'à prier pour que je ne le croise plus jamais.

— Qu'est-ce que tu racontes, ma chérie ?! Il était bien, non ? lui demanda Anne.

— Oui, très bien.

— Alors ?

— Alors, m… ! La honte !

— Tu dis n'importe quoi.

— Oui, je sais. Il faut que je me remette de ça.

— La plupart des hommes aiment ça. À leurs yeux, c'est une démonstration de leur capacité à procurer du plaisir à leur partenaire. Comme c'est quelque chose que nous ne contrôlons pas, du coup ils sont sûrs qu'il ne s'agit pas de simulation, s'amusa Anne en retenant un fou rire.

— Oui, tu as raison. Bref, passons. Qu'est-ce que tu as de beau à me raconter, toi ? lui demanda Jessica qui voulait absolument changer de sujet pour oublier cette conversation.

— Eh bien, à côté de toi, plaisanta-t-elle, je n'ai rien de mieux.

Jessica ouvrit de grands yeux mais finit par se détendre, et la discussion s'orienta sur leurs enfants et leurs boulots comme bien souvent.

***

Plusieurs mois après l'expérience « Antonin », puis celle « Philippe », Claire était de nouveau sur un petit nuage depuis quelques semaines. Elle ne s'entichait pas souvent d'un garçon, faute de rencontres, mais quand un homme plutôt bien a priori se présentait à elle, elle tombait amoureuse aussi subitement que l'on tombe d'une chaise. Antonin était relayé au rang des oubliés, et Philippe était devenu un confident plutôt qu'un amant, ce qui n'avait pas l'air de le déranger.

Elle discutait désormais avec Paul, dont elle avait finalement fait la connaissance sur le site de rencontres que son amie Jessica lui avait conseillé. Depuis sa dernière histoire, la première, la seule… elle avait fini par céder à la tentation et était retournée sur l'application, bien décidée à ne pas terminer ses jours toute seule. Son travail était toujours omniprésent dans sa vie, et elle commençait à s'imaginer comme Meryl Streep dans le film *Le diable s'habille en Prada*. Et il était hors de question qu'elle finisse comme ça.

Paul était gentil, agréable ; il prenait de ses nouvelles tous les jours en lui écrivant par SMS. Il leur arrivait parfois de s'appeler dans la journée, mais l'un comme l'autre avaient beaucoup de travail, alors le texto était le meilleur moyen de communication pour qu'ils restent en contact. Il était célibataire et avait la garde de sa fille dont il s'occupait tous les soirs à la maison. Il avait expliqué à Claire que la maman était partie dans le sud de la France pour des raisons professionnelles et que, pour ne pas perturber leur fille qui avait toutes ses copines en région parisienne et qui pour ses prochaines études aurait plus facilement accès aux grandes écoles à Paris, il leur avait semblé préférable qu'elle reste avec lui dans la capitale. Cultivé et galant, en parfait gentleman, il ne précipitait pas les choses avec Claire, même si parfois cette dernière ravalait sa salive lorsque Paul s'aventurait à évoquer leur avenir ensemble. Elle ne voulait pas aller trop vite et tempérait donc son enthousiasme ou détournait la conversation sur un terrain moins glissant.

Ils s'étaient aussi vus deux fois à l'heure du déjeuner, et ils avaient fini par déborder de leur temps de pause, ce qui était plutôt positif en fin de compte. Claire avait récemment parlé de sa nouvelle relation à ses amies. Elles étaient ravies pour elle. Elle savait qu'elle ne devait pas s'emballer, mais bon, c'était plus fort qu'elle. Elle se demandait bien à quoi pourrait ressembler une vie à deux avec cet homme.

« Est-ce que nous nous installerons chez moi ou chez lui ? Sûrement chez lui, il doit s'occuper de sa fille. Que ferons-nous le week-end ? Plutôt balades ou visites ? Les deux, bien évidemment… »

Bien sûr, elle aurait préféré qu'il n'ait pas d'enfant, mais bon, à trente-cinq ans passés, les trois quarts des amis de sa génération avaient déjà des enfants d'une première union. Elle se fit violence pour sortir de ses pensées et se remit au boulot.

***

C'était un après-midi « cocooning » entre Sabine et Claire qui s'annonçait. Les quatre filles se voyaient maintenant régulièrement, toutes ensemble ou non. Aujourd'hui, Sabine avait proposé à Claire de venir chez elle afin qu'elle l'aide à se préparer pour son prochain rendez-vous avec Paul qui aurait lieu le lendemain.

Bar à ongles, masque pour le visage et shampoing aux œufs les attendaient cet après-midi.

— Il paraît que le concombre décongestionne, que la menthe purifie et que le citron éclaircit le teint, dit Sabine à son amie Claire en souriant.

— C'est parfait, je prends le package complet ! Tu dois faire de moi la plus belle pour aller danser, plaisanta Claire.

— Très bien. Enlève ton tee-shirt, qu'on ne le tache pas, et allonge-toi sur la serviette posée sur le lit pour toi. Je vais t'appliquer le masque maison et le shampoing aux œufs.

Claire ne se fit pas prier et s'allongea, comme le lui avait demandé Sabine.

S'ensuivit un entartage de crème sur le visage, le cou, les épaules et les cheveux de Claire, agrémenté de deux rondelles de concombre sur ses yeux. La situation était tellement cocasse que Sabine prit l'initiative de faire quelques photos à l'insu de son amie. Bien évidemment, le déclencheur de l'appareil finit par réveiller Claire qui commençait à s'assoupir.

— Mais qu'est-ce que tu fais, Sabine ? lui demanda-t-elle, sans pouvoir voir ce qui se passait autour d'elle à cause des rondelles de concombre posées sur ses yeux.

— Je te prends en photo sous ton meilleur angle, ma chérie. Tu es belle comme tout. Ça fera de bons clichés à mettre sur Tinder.

Les filles rigolèrent de bon cœur… enfin, presque en ce qui concernait Claire dont le visage était emplâtré. Son masque, qui avait fini de sécher, était désormais tout craquelé sous l'effet de ses soubresauts.

Claire alla se rincer le visage. La peau la tiraillait, mais une bonne crème par-dessus et il n'y aurait plus ou presque de comédons ou de peaux mortes sur son doux visage.

— Voilà, j'ai une vraie peau de bébé maintenant et des cheveux ultra-bright !

— Très bien. Passons aux ongles désormais, lui annonça Sabine. Quelle couleur veux-tu ? lui demanda-t-elle. Rouge classieux, rose juvénile, noir cochonne, gris mystère ou vert de mauvais goût ?

— Rouge m'ira très bien, chère amie.

— Bon choix.

Le temps de la pause « vernis », elles discutèrent de tout et de rien. L'après-midi fila, et il faisait déjà nuit dehors. L'heure était venue de manger un morceau.

— Tu restes pour dîner ? l'invita Sabine.

— Je ne veux pas te déranger, tu m'as déjà pouponnée tout l'après-midi.

— Si je te le propose, c'est parce que ça me fait plaisir. J'ai envie de crêpes. Ça te tente ?

— Et comment…

L'atelier « beauté » étant terminé, celui « cuisine » pouvait commencer. Sabine fit la pâte et Claire se mit aux fourneaux pour faire cuire les crêpes à la poêle. Confitures, sucre et l'indispensable Nutella étaient de mise.

Claire se pencha vers Sabine.

— Ne bouge pas, ma chérie, lui dit-elle en lui lançant un regard narquois. Après tout, tu as aussi mérité ton masque anticernes. Et tout le monde connaît les vertus du masque au chocolat, non ?

De nouvelles photos pour immortaliser tout ça, et la soirée se déroula comme la journée avait commencé, dans la joie et la bonne humeur.

Avant de partir, Claire demanda à Sabine quelque chose :

— Dis-moi, Sabine, toi qui as déjà rencontré des hommes via des sites de rencontres, est-ce qu'ils te demandaient de leur envoyer des photos coquines ?

— Parfois oui, mais tu n'es pas obligée d'accéder à leurs requêtes bien évidemment.

— Oui, oui, je sais. Mais est-ce que c'est monnaie courante de faire cela ?

— Ce serait mentir de dire que ce n'est pas courant. Mais, par exemple, moi, je ne le fais pas. En tout cas, je n'envoie jamais des photos compromettantes ou dégradantes qui pourraient être réutilisées à mauvais escient. Pourquoi me demandes-tu ça, Claire ?

— Parce que Paul m'a dit hier soir qu'il aimerait bien avoir des photos dénudées de moi.

— OK, et qu'as-tu fait ?

— Je n'ai rien fait. Je lui ai répondu que je n'en avais pas. Et c'est la vérité d'ailleurs.

— C'est très bien. Est-ce que tu connais bien cet homme ?

— Oui et non. Cela fait plus d'un mois que nous nous écrivons et nous appelons, nous nous sommes même déjà vus à plusieurs reprises pour déjeuner, mais c'est tout.

— Et tu le sens bien ? Je veux dire : tu penses que c'est un honnête homme ?

— De ma fenêtre, oui, je le pense, mais j'ai une faible expérience en la matière.

— D'accord. Et lui, il t'a envoyé des photos coquines de lui ?

Claire parut gênée.

— Oui, une fois. On ne voyait pas sa tête mais il était complètement nu. Nu comme un ver ! Je lui ai dit que ce n'était pas vraiment ce que j'attendais quand je lui avais demandé une autre photo de lui que celle qu'il avait mise sur le site.

— Bon, ce n'est pas interdit ni choquant quand les deux sont d'accord, lui fit remarquer Sabine. Mais, si tu ne veux pas entrer dans ce jeu-là, tu as bien fait de le lui dire.

— Il va me prendre pour une frigide.

— Mais non ! Je doute qu'il tombe souvent sur des femmes qui se dévoilent nues en photo aussi facilement. Ou alors c'est un genre de femmes particulier. Tu as bien fait, rassure-toi. C'est un peu tôt pour lui faire entièrement confiance. J'en aurais fait de même et je ne suis pas frigide. Disons que nous sommes des personnes normales, et non des exhibitionnistes qui envoient des photos d'elles à poil pour séduire des hommes. Je pense même que jouer la femme facile a un effet inverse de ce que tu recherches : c'est peut-être efficace pour trouver des amants, mais certainement pas pour entamer une relation sérieuse. Dans ton cas, tu peux au moins être rassurée sur un point : comme ça, Paul ne se méprendra pas sur ton compte. C'est bien, non ?

— Oui, ça a le mérite de mettre les choses au clair sur qui je suis, convint Claire.

— Allez, file chez toi te reposer maintenant. Tu dois être la plus belle demain !

— Merci, Sabine.

— De rien. J'attends les détails demain soir…

***

Anne et Jessica avaient décidé de renouveler l'expérience de l'aire de jeux avec les enfants. Ceux-ci s'entendaient super bien, et c'était une occasion en or pour elles de se la couler douce et de buller, ou presque, tout en regardant leurs chipies s'amuser. Elles pouvaient discuter tranquillement, bien installées sur leurs chaises, en sirotant un thé, à défaut d'un mojito.

— Est-ce que tu vas bien, Anne ? lui demanda Jessica, une fois qu'elles furent assises à une table, avec tous les manteaux et les chaussures de leurs chérubins entassés à côté d'elles.

Elles avaient repris les mêmes places que la dernière fois, car celles-ci leur offraient une vue sur toute la salle, tout en étant proches du snack.

— Oui, tout va bien. Les bobos habituels. J'aimerais bien partir en vacances au soleil, répondit Anne.

— À qui le dis-tu ! Il faudrait qu'un jour on s'organise des vacances à la plage avec seaux, pelles, petites voitures et goûter… bref, de quoi occuper les enfants pendant que, nous, nous faisons bronzette. Ce serait plus sympa que l'aire de jeux.

— Oui, j'en salive d'avance.

— Eh ! interpella Jessica. Regarde sur ta droite ce qu'il y a, Anne.

— Le gamin avec son vélo ?

— Mais non, à côté.

— Le papa ?

— Oui. Il est plutôt pas mal, non ?

— Oui, mais c'est toi qui aimes les chauves. Moi, c'est plutôt les blondinets.

— Oui et, pour tout te dire, j'en ferais bien mon goûter, de cet homme-là, lui dit Jessica.

— Je croyais que tu voulais te caser ?

— Oui, eh bien cela n'empêche pas de regarder. Les mecs ne se gênent pas, eux, non ?

— Tu as raison. Tu devrais ouvrir ton Tinder pour savoir s'il n'est pas dans tes contacts à moins d'un kilomètre, plaisanta Anne.

— Mais tu sais que ce n'est pas idiot ce que tu dis ?

— Parce que j'ai l'habitude de dire des conneries, moi ?

— Attends, je vais regarder.

Jessica était déçue : pas de papa élégant et chauve dans ses contacts Tinder à proximité.

— Tu pourrais, en allant aux toilettes avec l'une de tes filles, passer devant ce bellâtre incognito, et je te dirai s'il t'a regardée passer ou non, lui proposa Anne.

– Vendu. On met notre plan à exécution tout à l'heure.

En attendant, les enfants s'amusaient : cinq enfants, trois filles et deux garçons, entre trois et sept ans, pour deux adultes. Les aires de jeux sont des valeurs sûres pour les enfants… jusqu'à un certain âge en tout cas. Jessica et Anne gardaient bien évidemment un œil sur leurs rejetons et les accompagnaient parfois dans les toboggans et les piscines à boules. Il était bientôt l'heure de déjeuner, mais les enfants ne semblaient pas pressés, bien trop occupés à courir dans les structures.

Fanny, la fille de Jessica, vint bientôt voir sa mère pour lui demander d'aller aux toilettes. Jessica lança un clin d'œil à son amie et se dirigea vers les W-C. À son retour, elle demanda à Anne :

– Alors, ça a donné quoi ?

Anne, mi-amusée, mi-sérieuse, lui annonça :

– Je suis désolée, il ne t'a même pas vue passer.

– Ah.

Jessica était déçue. Puis, après un temps de réflexion, elle finit par dire à haute voix :

– Bon, la prochaine fois, je passe sans le bas.

Les filles rigolaient de leurs bêtises quand un petit garçon vint demander à sa maman, avec ses yeux de *Chat Potté* :

– Quand est-ce qu'on mange ?

– Maintenant, mon chéri, lui répondit Anne gaiement. C'est l'heure ! Va appeler tes sœurs et dis à Fanny et Lisa qu'il faut qu'elles viennent aussi choisir ce qu'elles veulent manger.

– Super ! s'exclama le petit garçon qui repartit comme il était venu… en courant.

Après déjeuner, les femmes reprirent leurs places pour boire tranquillement un café et un thé. Les enfants n'étaient pas restés bien longtemps à table et ils étaient déjà repartis dans les structures, histoire de faciliter leur digestion.

– Pourvu que personne ne vomisse, dit Jessica. Je ne sais pas comment ils font pour être toujours à fond.

– Si seulement je connaissais leur secret ! répondit Anne.

Elle ajouta :

– Il n'y a pas à dire : quand ils sont occupés, ce sont tous des amours quand même.

– Oui, tu as entièrement raison. Qu'est-ce que vous faites demain ? demanda Jessica.

– On dort ! s'exclama Anne.

L'après-midi se passa sans problème majeur. Il y eut bien un bobo par-ci, quelques larmes de chagrin par-là, mais à la fin de la journée tout le monde était content et rincé. Toute réflexion faite, non, les enfants, eux, ne semblaient toujours pas avoir vidé leurs batteries. Quand ils s'amusaient, rien ne les fatiguait, ou presque, mais il était temps de rentrer.

Aucune approche de monsieur Chauve et pas d'autres goûters à l'horizon pour Jessica aujourd'hui. Elle était presque déçue. Trouver des occasions de séduire était devenu un jeu, et elle n'arrivait pas vraiment à s'en passer… du moins, pas tant qu'elle n'aurait pas trouvé chaussure à son pied.

***

Claire avait un copain d'enfance avec qui elle avait gardé contact. Ils s'appelaient tous les deux jours ou s'envoyaient des textos. Malgré son travail, elle trouvait toujours du temps pour lui. Ce jour-là, c'est lui qui lui téléphona.

– Comment ça va, ma belle ? lui demanda William.

— Bien ! Le projet « défilé » est terminé, tout s'est bien passé mais on a eu chaud aux fesses.

— Ah bon ? Mais tu m'avais dit que vous aviez respecté le timing et le budget la dernière fois. Qu'est-ce qui a posé problème ?

— Le choix des mannequins. Les clients n'aimaient pas la sélection effectuée par nos équipes, la qualifiant de trop restreinte et de pas assez représentative de la population. Il y a une polémique en ce moment sur le nombre de modèles blancs et le nombre de modèles de couleur qu'il faut retenir lors d'un casting. Nous, nous n'avons pas fait attention à la parité entre ces mannequins et il manquait visiblement de personnes typées des îles. Quand ils nous l'ont dit, nous n'étions pas du tout prêts pour changer la composition des équipes. En fait, il n'y a pas tellement de modèles de ce genre en catalogue, ou du moins peu d'entre eux étaient à la hauteur des prétentions de nos clients.

— Et comment vous en êtes-vous sortis ?

— On a trouvé quelques nouveaux mannequins correspondant à leurs critères, mais pas assez pour répondre à leur demande. Ils ont finalement accepté de faire le shooting comme ça et c'est passé, avec une grosse frayeur au passage donc.

— D'accord. Tu es une chef, comme toujours.

— Et toi, quoi de neuf ? Avec Mélanie tout se passe bien ?

— Oui et non.

— Comment ça ?

— Elle a tout, Claire. Elle est affectueuse, généreuse, belle, gentille et aux petits soins.

— Oui, et pourtant je sens un MAIS venir, n'est-ce pas ?

— Mes sentiments ne décollent pas. Et…

— Et quoi ?

– J'ai revu Aurélie. J'ai repris de ses nouvelles et je l'ai accompagnée à l'aéroport. Elle allait au Japon, pour son travail, quelques jours.

– D'accord. Vous vous êtes embrassés ?

– Oui et non.

– C'est quoi ces réponses, William ?

– Non, nous ne nous sommes pas embrassés, mais mes lèvres ont glissé très, très légèrement sur les siennes.

– En gros, si elle t'avait rendu ton baiser, la réponse aurait été oui.

– C'est cela.

– William, à quoi tu joues ? Sous tes grands airs de « Je ne veux plus m'amuser », « Je veux trouver la prochaine femme de ma vie », et patati et patata, que recherches-tu ?

– La passion ! Les papillons dans le ventre ! L'angoisse de perdre l'autre !

– OK, et tu n'arrives à ressentir tout ça qu'en relançant une nana qui t'a déjà jeté ?! Et, si ça se trouve, Aurélie ne veut pas être avec toi parce qu'elle a les mêmes réticences envers toi que celles que tu as à l'égard de Mélanie.

– Oui. La situation est peut-être inversée effectivement.

– Tu veux mon avis, William ?

– Oui, bien sûr. Enfin, je crois…

– Je pense que tu n'aimes pas Mélanie mais que tu restes avec elle parce qu'elle rentre dans les cases : sportive, oui ; belle, oui ; sociable, oui ; indépendante, oui ; affectueuse et bonne au pieu, oui.

– Assez ! Je crois que j'en ai assez entendu, lui dit-il gentiment.

– William, tu aurais voulu poursuivre ton histoire avec Aurélie, mais ce n'était pas réciproque parce qu'elle ne t'aimait pas, pas assez en tout cas. Comme toi avec Mélanie. Tu te fais du mal à insister avec Aurélie car, même si jamais elle acceptait de se remettre avec toi, ce serait pour mieux te quitter dans quelques mois, parce que ce n'est pas le genre de nana à tolérer une relation moyenne, même si toi aussi tu rentres dans ses cases. Tu es plutôt beau, sportif, gentil, généreux, intelligent, et tu as une bonne situation. Qui ne voudrait pas tenter une aventure avec toi franchement ? En ce qui concerne Mélanie, tu dois d'abord te demander si elle te manque quand vous n'êtes pas ensemble.

— Pas vraiment.

— OK, ça commence bien. Mais, après tout, toutes les histoires d'amour ne sont pas des coups de foudre, mon Willy.

— Je sais.

— Tu sais, mais tu me parles de passion, insista Claire. Dans un couple, ajouta-t-elle, il y en a toujours un, malheureusement ou heureusement, qui est plus amoureux que l'autre. Cela ne veut pas dire que celui qui aime moins, ou plutôt différemment, se désintéresse de l'autre ; cela signifie simplement qu'il est plus mesuré dans ses sentiments. Si les deux sont dans l'excès affectif, alors, oui, on parle de passion, mais une passion n'est pas toujours viable dans le temps. C'est bien souvent l'inverse d'ailleurs. C'est tout feu tout flamme au début, et après, au bout de quelques mois ou quelques semaines, on commence à voir les défauts de l'autre et ce qui ne va pas dans le quotidien. C'est dangereux comme relation amoureuse. Il y a beaucoup de couples qui ne s'en sortent pas ; je veux dire qu'ils ne restent pas ensemble. Dans ces relations enflammées, certains réussissent malgré tout à trouver leur équilibre, d'autres finissent par se disputer tout le temps mais ne se quittent pas, et d'autres encore se séparent. La passion perdure généralement quelques semaines ou mois, et même parfois une année, mais rarement plus. Car il ne faut pas se voiler la face, un tel amour est d'abord basé sur l'attirance physique ou un fort attrait intellectuel. On imagine alors que le couple ne connaîtra pas l'ennui, ne tombera pas dans la routine et restera toujours aussi intense. Mais on se trompe, car une telle ferveur ne peut pas durer. C'est ce que je pense en tout cas.

– Dis donc, tu m'as l'air bien au fait de ces choses-là pour une célibataire ?

– Je me suis documentée sur le sujet, mon cher William, lui répondit Claire. Pour ma part, la passion me fait peur.

– Pourquoi ? lui demanda William.

– Parce qu'une personne qui a connu une liaison passionnelle cherchera toujours à retrouver ces sensations. Elle comparera toutes ses autres relations avec cette histoire qui l'avait fait vibrer, si bien qu'elles lui paraîtront fades. Cela n'est pas « juste » pour ses autres prétendants dont les sentiments, même s'ils sont moins démonstratifs, n'en sont pas pour autant moins forts ni moins sincères. Mais c'est comme ça. On dit toujours qu'il ne faut pas comparer mais, quelque part, on ne peut pas s'en empêcher : Untel était extra au lit alors que Bidule était un grand romantique… Tu vois le genre ?

– Je vois, oui, acquiesça William.

– Le risque aussi, ajouta Claire, d'éprouver un sentiment aussi puissant pour l'autre, c'est d'en souffrir, parce qu'on a constamment peur que tout s'arrête subitement. On vit dans l'angoisse de perdre l'être aimé, on se tourmente, on s'interroge. Tout compte fait donc, un amour passionnel est moins confortable qu'une relation qui s'est construite au fil du temps, où les deux protagonistes apprennent à se connaître, sans pression, et avancent sans trop se poser de questions. Nous sommes dans une société de consommation. Nous voulons tout, tout de suite, et les relations amoureuses ne font pas exception à cette règle malheureusement. Tu voudrais ressentir pour ta Mélanie des sentiments plus excitants, mais as-tu au moins pris le temps de la connaître ?

— Il me semble, oui.

— Alors, si malgré tout ça, elle ne te manque pas quand vous êtes loin l'un de l'autre, et que tu n'éprouves pas d'amour pour elle, alors mets un terme à cette histoire qui vous fait perdre du temps à tous les deux.

— J'y pense de plus en plus effectivement.

— Très bien.

— Tu as raison. Je vais y réfléchir très sérieusement, même si je n'ai jamais pris cette relation à la légère, lui précisa William.

— Je n'en ai jamais douté.

— Bon, allez, maintenant que j'en ai pris plein la tête par téléphone, on pourrait peut-être envisager de se voir pour dîner…

***

Anne avait désormais emménagé dans sa nouvelle maison. Il restait encore beaucoup de menus travaux à faire, mais elle avait des amies pour l'aider. Jessica était venue en renfort ce week-end.

— Tu me fais un petit café s'il te plaît, avant que nous nous mettions à l'œuvre ? lui demanda Jessica.

— Oui, bien sûr. Tu veux grignoter quelque chose avec le café ?

— Non, rien, je te remercie. Par quoi veux-tu commencer aujourd'hui ?

— Nous avons tout le salon à détapisser et le lino à poser dans mon couloir. On pourrait commencer par ce mur, proposa-t-elle en lui désignant la cloison la plus grande à côté de la fenêtre du séjour.

– D'accord. Qu'as-tu prévu comme matériel ?

– En bonne professionnelle, j'ai une décolleuse, un seau, des serpillières et, si tu préfères, du produit spécial pour décoller plus facilement le papier ; il suffit de le mélanger à de l'eau et d'en badigeonner le mur.

– Non, non, nous allons utiliser la décolleuse, ça ira très bien.

Jessica était plus bricoleuse qu'Anne et prit les choses en main pour déterminer la manière dont elles allaient procéder :

– Il y en a une qui tient la décolleuse contre le mur pour décoller le papier peint avec la vapeur chaude et, une fois la tapisserie bien imbibée d'eau, l'autre tire délicatement sur le papier pour l'enlever, si possible, par gros lambeaux. On inversera les rôles quand l'une ou l'autre en aura marre.

– OK, on s'y met quand tu veux alors, lui répondit Anne.

– Allez, c'est parti ! s'exclama-t-elle, une fois son café avalé.

Les filles étaient plus que motivées et bossèrent tout l'après-midi. Elles s'accordèrent une mini-pause goûter vers dix-sept heures, puis se remirent au travail. À deux, elles abattirent un boulot monstrueux. À vingt heures, Anne proposa d'arrêter là pour aujourd'hui et de manger puisque, après tout, il leur restait encore le lendemain pour terminer leur tâche. Mais Jessica n'était pas de cet avis et le fit savoir :

– On finit tout ce soir. Comme ça, demain on se permet de dormir un peu avant d'attaquer le lino dans ton couloir.

– Mais il y a encore deux murs entiers, et le papier y est plus fin ; il sera plus difficile à enlever. On n'est pas couchées si on fait ça, lui rétorqua Anne qui était fatiguée.

— Je sais mais on n'aura probablement pas la même motivation demain. Donc, si ça pouvait être fini ce soir, ce serait top, non ?

— Oui, tu as raison… Mais tu n'as pas faim ?

— Non, ça va aller. On mangera après.

— D'accord.

Anne se motiva et s'arma de courage. Et le travail reprit en musique. Il était minuit quand elles achevèrent leur tâche. Elles étaient toutes les deux éreintées mais satisfaites du résultat.

— C'est génial ! dit Anne. Je vais préparer le dîner. Tu as faim maintenant ?

— Oui, cette fois-ci, j'ai la dalle !

Cette dernière phrase ressemblait même à une injonction de la part de Jessica.

Une bonne salade complète et un moelleux au chocolat furent servis peu après minuit, avec un bon verre de cidre. À une heure du matin, les filles allèrent se mettre au lit.

— Au fait, lui demanda Anne, es-tu allée au Salon de l'érotisme l'autre jour ?

— Oui. C'était rigolo. J'étais anxieuse avant d'y aller, si tu savais… Une vraie gamine !

— As-tu vu ou appris des choses là-bas ?

— Oui, un peu, dit-elle.

— Raconte-moi, lui demanda Anne.

— J'ai repéré des tenues que je n'avais jamais vues… même pas dans les pornos que j'ai pu regarder, rigola-t-elle. Bon, OK, je n'en ai pas vu beaucoup et ça remonte à loin. Des mannequins portaient des sous-vêtements en cuir avec plein de clous. D'autres posaient dans des décors qui m'ont fait penser au livre et au film *Cinquante Nuances de Grey,* avec la salle des tortures.

— Intéressant.

— Il y avait aussi des produits que je pensais interdits à la commercialisation, comme le poppers ou des substances aphrodisiaques.

— Le poppers, ce n'est pas une drogue ? lui demanda Anne.

— Eh bien si, justement.

— C'est quoi comme produit déjà ?

— C'est un stimulant qui permet d'intensifier les performances sexuelles. Et tu ne vas pas le croire, mais ce sont les jeunes qui en consomment le plus.

— C'est pour les hommes ou les femmes ?

— Les deux. C'est un produit à pulvériser dans le nez. L'effet est très rapide et passe très vite aussi, à ce qu'il paraît. Ça se vend dans des fioles.

— Il n'y a pas de dépendance ?

— A priori, non. Les recherches effectuées, notamment sur les jeunes, tendent à démontrer qu'ils l'utilisent pour agrémenter certaines soirées festives mais de manière épisodique, donc sans accoutumance.

— OK. En as-tu acheté ?

— Bien sûr que non !

— Ah, dommage, j'aurais testé sur toi, plaisanta-t-elle.

Les filles partirent dans un fou rire.

— Y es-tu allée toute seule, au fait ? lui demanda Anne.

— Non, avec Bruno. Il m'a convaincue de l'accompagner en m'affirmant que le Salon de l'érotisme s'était démocratisé au fil du temps et qu'on y voyait dorénavant une clientèle tout à fait « normale ». Nous avons regardé plus longuement la lingerie coquine, et je peux te dire qu'il y avait du très beau aussi. On y trouve des jouets sexuels bien sûr, mais il est aussi possible d'assister à des spectacles de strip-tease. L'espace « go-go bar » était sympa, et attends… il y avait un coin réservé aux femmes avec des chippendales. Les gens étaient plutôt décontractés et pas gênés du tout ; c'était très cool… en apparence, du moins. Un salon presque normal. L'influence *Cinquante Nuances de Grey* était incontestable. Il y avait un espace qui s'appelait la « chambre des fantasmes ».

– C'était bien alors ?

– Oui, mais on en fait le tour un peu rapidement en fin de compte, malgré les six mille mètres carrés. Nous ne sommes restés qu'une heure. Je pensais que c'était plus grand ou plus long à voir.

– C'est quoi la différence avec le Salon du hard ? lui demanda Anne.

– Je ne sais pas ; pour moi, c'est pareil. Bon, allez, sur ces bonnes paroles, si on dormait ? Demain, il nous reste la pose du lino.

– C'est cool. Merci, Jess.

– Je t'en prie. Dors bien.

– Fais de beaux rêves, ma chérie.

– Tu veux un câlin ? lui demanda Jessica.

– Ça ira, je te remercie.

Le lendemain, les filles restèrent au lit jusqu'à dix heures. Puis, le temps de prendre un bon petit déjeuner et, à onze heures, elles attaquèrent le lino : calcul, découpage, installation. Le tout était en place deux heures après.

– Bon, ce n'est pas du boulot de professionnel. Je suis désolée, Anne. Mais, pour deux nénettes, je trouve que le résultat est plutôt probant, non ?

– Oui, tu as raison. Ça ira bien et ce sera mieux que les dalles amiantées qu'il y avait avant. Et puis, je trouve le sol plutôt chaud. C'est agréable de marcher dessus.

– C'est toi qui es chaude ! s'exclama Jessica, partant dans un délire probablement inspiré par leur discussion de la veille.

– En fait, je crois que nous sommes pires que les hommes, rigola Anne. S'ils nous entendaient, nous perdrions notre statut de « sexe faible ».

– Affirmatif. Alors, chut ! Nous sommes de petits anges aux pensées chastes.

– As-tu faim ? demanda Anne.

– Non, pas vraiment, mais je ne dirais pas non à une pizza, sourit-elle.

– D'accord, c'est parti. Merci beaucoup, beaucoup pour ton aide ce week-end. Ma maison prend forme.

– Oui et, tu verras, tu t'y sentiras de mieux en mieux au fil du temps, ajouta Jessica.

– Merci.

***

Nous étions lundi soir et Sabine était confortablement installée sur son canapé devant la télévision. Elle s'apprêtait à aller se coucher quand un certain Thierry, dont elle avait fait la connaissance quelques jours auparavant, lui envoya un texto.

Thierry, âgé de quarante-trois ans, était ingénieur dans une entreprise aéronautique. Il semblait plutôt avoir la tête sur les épaules, mais surtout il savait ce qu'il voulait. Séparé depuis deux années, il ne souhaitait pas se recaser et recherchait… il ne s'en cachait pas… des demoiselles pour partager des moments conviviaux, mais pas de femme à demeure !

En temps normal, Sabine aurait laissé tomber tout de suite, mais cet homme s'exprimait bien. En tout cas, il écrivait bien et abordait des sujets qui l'intéressaient elle aussi. Et puis finalement, sa franchise, son mode de vie qu'il assumait parfaitement et son charisme qui ne faisait aucun doute l'avaient séduite. Elle s'était dit : « Après tout… pourquoi pas ! »

« Tu allais te coucher ? lui demanda Thierry par SMS.

— Oui, lui répondit Sabine.

— As-tu déjà passé ta nuisette ?

— Non, je suis en jean pour le moment.

— Alors, file te mettre à l'aise et on se rejoint au lit. »

Sabine ne se fit pas prier et prit le temps de se démaquiller, se laver les dents et se mettre en pyjama. En nuisette, pensez-vous ? Non, un « pilou-pilou » qui va bien ! Mais on s'en fiche, Thierry ne la voyait pas.

« Je garderai la nuisette pour le jour où je le verrai », se dit-elle, fière de son petit stratagème.

Elle se mit au lit et reprit la conversation là où ils l'avaient laissée.

« Je me suis mise à l'aise, au lit, lui écrivit-elle.

— Très bien. Peux-tu me décrire ce que tu as enfilé ? » demanda Thierry.

Sabine l'aurait parié. Les hommes sont tous les mêmes.

« Une simple nuisette de soie prune avec une petite dentelle sur le haut et le bas du vêtement.

— Humm. Et en bas ?

— Rien, mon chou ! »

La discussion n'avait rien d'exceptionnel en soi, mais elle avait le mérite d'émoustiller les deux protagonistes qui se prêtaient volontiers au jeu de la séduction par SMS.

« Quelle est la chose la plus folle que tu aies faite en matière de sexe, ma chère Sabine ? » lui demanda Thierry.

Elle réfléchit un moment, puis finit par lui écrire :

« Ce n'est pas un lieu, Thierry, comme tu devais certainement t'y attendre, ni une position, ni l'amour à plusieurs. Je dirais que mon meilleur souvenir, c'est lorsque j'ai cédé mon premier appartement en location à un jeune homme… enfin, j'étais jeune aussi à l'époque. Je n'étais pas encore avec mon mari.

– Très bien, raconte-moi. »

Thierry était à l'écoute. Sabine reprit son récit :

« Nous nous étions croisés à deux reprises : une fois à mon appartement quand il était venu le visiter, et une autre fois à l'agence immobilière lorsque j'étais allée rendre les clés. Il avait besoin d'emménager rapidement, alors il avait demandé à l'agence à quel moment je passerais déposer les clés pour qu'il puisse les récupérer aussitôt.

– Et vous avez accroché tout de suite ? lui demanda Thierry.

– Non, du tout. Pour moi, c'était un jeune prétentieux, fils à papa, qui avait plein de sous et des filles à gogo. En fait, je n'avais pas établi en temps et en heure mon contrat pour le suivi d'adresse à la poste, du coup mon courrier arrivait encore à mon ancien appartement. Je suis donc passée un jour prendre mon courrier, et là, effectivement, j'ai commencé à me dire qu'il n'était pas mal du tout physiquement. Il m'a donné ses coordonnées téléphoniques, et moi je lui ai aussi laissé les miennes, si jamais d'autres lettres arrivaient encore. Nous étions passés par l'agence de location avant cet épisode.

– Oui. Et ?

– Eh bien, un autre courrier est arrivé à peu près six mois après, à la fin de mon contrat de suivi d'adresse avec la poste. Nous nous sommes envoyé des textos. Au début, c'étaient des conversations banales, du style : "Est-ce que vous vous plaisez dans votre appartement ?", "Est-ce que la voisine du dessous vous embête aussi ?", etc. Et je ne me rappelle pas comment nous avons pu dériver mais les messages ont glissé vers une certaine familiarité. Il me demandait si j'allais bien, si j'avais envie de passer le voir…

— Y es-tu allée ?

— J'ai beaucoup hésité, je ne le connaissais pas. Mais, oui, j'y suis allée. Nous avons dîné d'une pizza au champagne, puis fait l'amour, et je suis repartie.

— Et c'était bien ?

— Non, il a… disons… été un peu "précoce", s'amusa-t-elle en repensant à ce moment. Il était jeune. Mais j'en garde un excellent souvenir, de cette recherche de séduction, cachée derrière des politesses de convenance, sous le prétexte de me remettre mon courrier. Il était impressionné, cela se voyait. Et puis, cela m'attendrit de me remémorer notre timidité à tous les deux lorsque je suis arrivée chez lui et au moment de passer à l'acte. C'était un échange de "Que veux-tu faire, Sabine ?", "Je ne sais pas, et toi ?", "Non, c'est toi qui as les cartes en main, tu es la fille". On repartait alors sur un autre sujet pour faire diversion, parce que je ne répondais pas à la question, mal à l'aise à l'idée de devoir décider et me prononcer pour nous deux. Il ne savait pas prendre les choses en main. Un homme aguerri aurait embrassé la jeune femme et, si elle lui avait rendu son baiser, il aurait eu tout naturellement sa réponse. Eh bien non ! Lui, il voulait que je dise oui ou non, c'était extrêmement gênant. À vingt ans, on ne connaît encore rien des "codes", des "signes" qui régissent les relations entre un homme et une femme.

— J'adore quand tu me parles, Sabine, lui dit Thierry. J'aime ce que tu me racontes.

— Tu m'en vois ravie... »

Et, comme si cette conversation avait ranimé certaines sensations, Sabine se laissa aller et s'ensuivit une discussion d'un tout autre ordre entre Thierry et elle.

***

Cela faisait presque trois mois que Claire et Paul se voyaient et discutaient régulièrement. Ils avaient trouvé un équilibre entre leurs deux boulots, très prenants, et la gestion de Lucie, la fille de Paul, que Claire ne connaissait pas encore. Ce n'était d'ailleurs pas d'actualité pour le moment et Claire ne s'en inquiétait pas. Cela viendrait quand il en aurait envie et, pour le bien-être de la petite, ce n'était pas nécessaire de précipiter les choses. Généralement, ils se voyaient le midi pour déjeuner et pouvaient se permettre de prolonger le moment quand ils le souhaitaient.

Aujourd'hui, Claire avait donné rendez-vous à Paul dans un petit restaurant qu'elle affectionnait particulièrement. C'était un établissement, en plein cœur de Paris, qui arborait une déco « à l'envers ». Le restaurateur avait utilisé des ustensiles de cuisine, parfois transformés, comme objets de décoration, accrochés aux murs, au plafond et posés sur les tables. En plus de ça, les peintures et papiers peints avaient un effet « trompe-l'œil », ce qui donnait un peu le vertige quand on était à table.

— Comment vas-tu aujourd'hui, ma douce ? lui demanda Paul en l'aidant à se défaire de son manteau et en lui tirant sa chaise.

— Très bien, merci. Au fait, je me suis renseignée sur Internet à propos du spectacle dont je te parlais. Il se jouera dans un mois à Paris. On pourrait se faire ça un soir ?

— Je regarderai si c'est possible. Tu vas trouver que je radote mais, avec ma fille, ce n'est pas facile pour moi de me délibérer. Je ne peux pas la laisser toute seule toute une soirée.

— Je pensais que tu pourrais prendre une baby-sitter ? releva Claire.

— Je peux prendre une baby-sitter jusqu'à vingt et une heures trente mais, après, j'aime voir ma fille avant qu'elle ne s'endorme.

— C'est louable, lui répondit Claire, un peu déçue.

Ils changèrent de sujet. Tous deux avaient deux métiers passionnants.

— Quand tu m'as donné l'adresse du restaurant, j'ai regardé s'il y avait un hôtel cosy dans les environs, lui indiqua Paul avec un regard qui en disait long.

— Toi alors ! rétorqua Claire avec un faux air fâché.

Ils finirent leur déjeuner dans l'atmosphère un peu perturbante de ce restaurant atypique, puis se dirigèrent vers l'hôtel que Paul avait repéré quelques heures plus tôt.

Claire n'aimait pas ce moment où il fallait passer devant l'hôtelier à cette heure de la journée pour rejoindre une chambre. Elle n'était pas coutumière de ces pratiques et ne se sentait pas du tout à sa place à cet instant précis. Si elle avait pu courir pour qu'on ne la voie pas, elle l'aurait fait volontiers. Il arrivait donc souvent qu'elle demande à Paul de se rendre dans la chambre en premier, pour qu'elle le rejoigne quinze minutes plus tard. Les réceptionnistes n'étaient pas dupes, mais bon, Claire avait l'impression d'être un peu moins observée et jugée, ce qui atténuait son sentiment de honte.

De retour à son bureau, tout comme Paul qui avait regagné le sien, Claire remarqua qu'elle avait deux appels en absence, sans qu'un message ait été laissé. Sans s'en formaliser plus que ça, elle reprit son travail normalement. Elle en aurait pour au moins jusqu'à vingt heures.

Le numéro inconnu rappela dans le courant de l'après-midi.

– Oui, bonjour, décrocha Claire.

– Bonjour. Vous êtes Claire ? demanda une voix féminine à l'autre bout du téléphone.

– Oui. Qui êtes-vous s'il vous plaît ?

Un petit silence s'installa. Claire répéta sa question. La ligne était peut-être mauvaise.

– Je suis Sarah.

– Oui, et je suis censée vous connaître ? lui répondit Claire, un peu agacée par cette réponse évasive, alors qu'elle gérait une trentaine d'appels par jour.

– Peut-être.

– Écoutez, je n'ai pas le temps de jouer aux devinettes ! Pouvez-vous me dire qui vous êtes ?

– Je suis Sarah, la femme de Paul.

À ces mots, Claire resta abasourdie. Elle n'était pas sûre de comprendre. Si, en fait, elle savait très bien de quoi il retournait mais ne voulait pas y croire. Son monde s'écroula une deuxième fois. Deux fois en trois mois. Non, ce n'était pas ça. Non, il y avait erreur.

– Paul ? lui demanda Claire.

– Oui, Paul, mon mari et le papa d'une petite fille de dix ans.

Profitant de ce silence pendant lequel Claire tentait de refaire surface, l'autre femme se mit en colère. :

– Vous couchez avec mon mari depuis des semaines sans ressentir la moindre culpabilité ! Comment osez-vous ? Comment osez-vous briser une famille ? Pourquoi avez-vous choisi de mettre le grappin sur lui, un homme marié qui porte son alliance ?

Sur ces paroles pragmatiques, Claire se réveilla.

— Il m'a dit qu'il gardait son alliance pour sa fille, révéla-t-elle, que c'était symbolique et rien de plus.

— Vous devriez avoir honte ! Et surtout, vous devriez nous laisser tranquilles maintenant que vous avez fichu le bazar.

— C'est moi qui ai fichu le bazar ? Mais je ne savais même pas qu'il était encore marié !

— Je vous demande de le laisser tranquille désormais. Et si vous ne le faites pas, je peux vous jurer sur la tête de ma fille que je ne répondrai plus de rien la prochaine fois que j'entendrai parler de vous.

Sur ce, la femme raccrocha.

Claire était anéantie. Comment avait-elle pu ne pas se rendre compte de la situation ? Comment avait-elle pu se faire berner à ce point ? Le restant de l'après-midi fut catastrophique. Elle n'arrivait plus à se concentrer. Ses collaborateurs, avec qui elle devait travailler, lui demandèrent si elle n'était pas malade. Elle enjoignit à son assistante de gérer les appels de la fin d'après-midi et resta amorphe jusqu'à vingt et une heures, cloîtrée dans son bureau. Elle finit par prendre son téléphone et composa le numéro de Jessica.

— Jessica ?

— Oui, ma louloute, lui répondit Jessica, toute guillerette. Comment vas-tu ? Tu es encore au boulot à cette heure-là ?! J'ai vu que tu m'appelais de ton fixe.

Personne ne répondait sur la ligne.

— Claire ? interrogea Jessica.

Toujours personne.

– Ne bouge pas, j'arrive, la somma Jessica.

Quarante-cinq minutes plus tard, Jessica arriva au bureau de Claire. Elle passa la sécurité sans problème ; elle était déjà venue voir plusieurs fois son amie qui avait une fâcheuse tendance à faire des heures à rallonge le soir.

– Bonjour, Sidi.

– Bonjour, mademoiselle Jessica. Madame est dans son bureau.

– Je vous remercie, Sidi. À tout à l'heure.

Jessica prit l'ascenseur, tenant à la main son panier à provisions et néanmoins trousse de secours, et arriva au cinquième étage où se situait le bureau de son amie.

Elle trouva Claire effondrée sur sa table de travail. Elle prit peur.

– Claire ?!

Elle la redressa sur sa chaise. Claire avait le visage baigné de larmes, et ses joues et son nez étaient tellement rouges qu'on aurait dit qu'elle avait bu.

– Mais, punaise, qu'est-ce qu'il se passe pour que tu sois dans un état pareil ?

Claire ne répondit pas à sa question. Elle se remit à pleurer.

Jessica la prit dans ses bras et la força à se lever pour aller se rafraîchir la figure aux toilettes. À cette heure-ci, il n'y avait plus personne à l'étage, donc aucun risque de croiser quelqu'un, et Sidi ne commençait sa tournée dans les bureaux que vers vingt-deux heures.

– Allez, viens, tu as besoin d'aller aux toilettes te refaire une beauté, l'encouragea Jessica.

Elle essaya bien de dérider son amie, mais sans succès. Néanmoins, une fois qu'elles furent revenues à son bureau, Claire avait déjà meilleure mine, même si ses yeux restaient tout gonflés.

— Bon, maintenant tu me racontes s'il te plaît, sinon je ne pourrai pas t'aider.

— Paul est marié !

— Paul ? Ton Paul aux yeux d'ange ? lui demanda Jessica.

— Bah oui ! Qui veux-tu que ce soit d'autre ? Je n'en ai pas trente-six mille comme toi, lança Claire, à moitié méchante.

Jessica ne releva pas cette dernière remarque.

— Comment le sais-tu ? lui demanda Jessica.

— Sa femme !

— Sa femme ? s'étonna Jessica.

— Oui, sa femme ! Elle m'a appelée cet après-midi pour me dire de le laisser tranquille.

— Tu m'étonnes… Et tu lui as dit que tu ne savais pas qu'il était marié ?

— Oui, brièvement. Je n'ai pas eu le temps de tout lui expliquer. Elle m'a dit que si je n'arrêtais pas de mettre le bazar dans leur vie, ça se passerait mal pour moi.

— D'accord. As-tu eu Paul au téléphone depuis ?

— Non. Il a essayé de m'appeler vers dix-neuf heures et m'a envoyé des mails auxquels je n'ai pas répondu.

— Que disaient ses mails ?

— Que j'étais la femme de sa vie.

— Il en a déjà une ! la coupa Jessica, abasourdie à son tour.

— Il m'a écrit qu'il n'était pas prévu qu'il arrête de me voir et qu'il allait s'expliquer avec sa femme.

— Claire, tu feras bien ce que tu veux mais, dans la plupart des cas, les hommes ne quittent jamais leur femme au bout du compte. Ce sont mes statistiques personnelles bien sûr, mais j'ai pu constater dans mon entourage que les mecs de ce genre restent toujours tiraillés entre l'idée d'abandonner leur famille et la possibilité d'écouter leur cœur en choisissant de rejoindre l'autre femme. La culpabilité a souvent raison d'eux.

– Ce n'est même pas la peine d'y penser ! Il est hors de question que je le revoie, répondit sèchement Claire.

– C'est bien. Je suis également de cet avis, ma chérie. Oh là là, ma bichette, viens dans mes bras.

Elles restèrent ainsi une bonne vingtaine de minutes, prostrées, sans bouger. Puis, Jessica ouvrit son panier à pique-nique et en sortit ses remèdes « anti-chagrin » : chocolat, bonbons, crêpes, Nutella, foie gras et toasts, ainsi que du pétillant pour accompagner le tout !

– Je me suis doutée, quand j'ai vu que tu ne me parlais pas au téléphone, qu'il y avait quelque chose de grave qui s'était passé. Je suppose que tu n'as pas mangé ? lui demanda Jessica.

– Je n'ai pas faim.

– Que nenni ! Tu connais la règle : *Gros chagrin tu connaîtras, calories tu prendras !*

Les filles mangèrent un morceau avant de descendre toutes les deux au rez-de-chaussée. Au passage, elles dirent au revoir à Sidi. Il leur adressa un joyeux sourire.

– Bonne soirée, mesdames.

– Bonne soirée, Sidi, répondit Jessica.

Claire lui fit un signe de tête en guise de salut.

Jessica raccompagna Claire, qui venait en transports en commun tous les jours, jusqu'à son domicile. Elles prirent un thé et Jessica partit vers vingt-trois heures trente de chez Claire.

Le lendemain, vers huit heures, Claire envoya un texto à Jessica qui n'avait pas réussi à sortir du lit :

« Merci, ma chérie, je ne sais pas ce que je ferais sans toi.

– De rien, lui répondit Jessica. La femme aux trente-six mille hommes sera toujours là pour toi. »

Son message était agrémenté de plusieurs smileys « bisous ».

« Je suis désolée… C'est toi l'amour de ma vie, réussit à plaisanter Claire.

– Sur ce coup-là, je ne peux pas te suivre, ma bichette, lui écrivit Jessica. Je suis définitivement hétéro et, même si je craquais pour une femme, il me manquerait quelque chose. Que comptes-tu faire pour Paul ? lui demanda-t-elle plus sérieusement.

– À part mettre le feu à sa bagnole, rien !

– Bien. Tu vas trouver un homme qui te mérite, ma biche, je n'en doute pas une seconde…

– Merci mais pas pour l'instant. Il est interdit de me parler du sexe opposé pendant au moins… deux ans !

– OK, on verra ça. Je te laisse en attendant, je suis grave à la bourre. Et le mieux pour ne pas y penser, c'est de faire ce que tu as toujours fait…

– Oui, je sais : me noyer dans le travail ! Tu vois, je me plains tout le temps de trop en avoir mais heureusement qu'il est là, lui !

– Oui, bon, enfin, je disais ça pour plaisanter ! Mais, si ton travail te permet de remonter la pente et qu'il ne t'empêche pas de voir tes amies, je veux bien de lui à nos côtés… avec parcimonie !

– OK. Je te laisse, conclut Claire. Je vais tâcher d'oublier ce gros connard de merdeux de mes couilles… et attaquer ma première réunion de la journée.

– Je sens que tu vas être en forme ! J'espère que tu n'as pas d'entretien annuel avec des collaborateurs masculins, sinon ils risquent de voir dans ton attitude la justification de l'expression "Elle est chiante, c'est une mal-baisée" !

– J'ai compris. C'est bon. L'amitié a ses limites tout de même. Debout, toi !

– OK. Bisous, ma chérie. À ce soir ! »

***

Aujourd'hui, c'était une séance photo qui attendait nos deux héroïnes, Sabine et Anne. Cela faisait longtemps que les filles en parlaient. Elles s'étaient donné rendez-vous chez Sabine pour un petit shooting photo, entre filles. Mais pas n'importe quel shooting... Elles voulaient faire des photos un peu particulières : des photos coquines ! Pour l'occasion, Anne avait apporté quelques fringues et bijoux : des vêtements de soirée, mais aussi des sous-vêtements et les petites tenues achetées lors de la soirée « sextoys » entre amies.

– On commence par qui ?

– Honneur à la plus jeune ! annonça Sabine.

– OK. Ça me va bien.

Anne était tout enjouée à l'idée de se prêter à ce petit jeu. Les séparations laissent toujours des traces. Il n'est pas toujours simple, pour une femme, de se redévoiler dénudée, à cause des égratignures infligées par le manque de confiance en soi ou des cicatrices assénées par la difficulté d'assumer son corps. Aujourd'hui, Anne allait beaucoup mieux. Le temps avait fait son œuvre, comme on dit. Elle était persuadée qu'une année était un délai trop long pour se reconstruire, mais elle avait été obligée de se rendre à l'évidence : elle n'était pas différente des autres et il fallait effectivement du temps pour guérir d'une si profonde blessure affective.

Désormais, elle se sentait bien dans son corps, dans sa tête et dans ses baskets, notamment grâce aux regards admiratifs que les hommes portaient sur elle. Elle n'était pas dupe quant à leurs intentions, mais elle avait tout de même rencontré beaucoup d'hommes « bien » qui lui avaient finalement redonné confiance.

Mais elle devait aussi sa guérison à ses amies qui l'avaient consolée, cajolée et soutenue.

Elle était prête à se mouvoir et à trouver des positions sexy pour voir quelle image elle renvoyait. Et si jamais elle se trouvait belle ? Cette séance constituerait une bonne thérapie entre amies et qui ne coûtait pas grand-chose. Si elle se trouvait moche… ce serait parce qu'elle n'était pas photogénique.

— Très bien. Et si je commençais avec la chemise blanche, les bas noirs, les cuissardes et le sautoir ?

— Oui, parfait, lui répondit Sabine. Ça va être très joli.

Sabine avait arrangé sa chambre avec une lumière tamisée rouge qui ferait un bel effet sur les photos. Elle avait mis à disposition également un petit tabouret, les miroirs de sa penderie, un fauteuil en velours de style années soixante-dix, et elle trouverait bien d'autres accessoires, si besoin, dans les différentes pièces de son domicile.

Anne prit place sur le fauteuil, et les clichés fusèrent. À tour de rôle, elles prenaient la pose, changeant de tenue et de sous-vêtements. Elles s'amusaient beaucoup avec les miroirs et trouvaient des positions différentes, parfois improbables et dignes des meilleurs équilibristes, pour obtenir le rendu qu'elles souhaitaient.

La journée fut joyeuse. Elles firent une pause-café à l'approche de l'heure du goûter. Elles discutèrent un long moment avant de reprendre leur activité. Elles décidèrent de regarder les photos déjà prises.

Certaines poses n'étaient pas probantes du tout, voire ridicules, mais cela ne les empêcha pas de continuer leur séance, tant elles s'amusaient bien. Les commentaires allaient bon train : « Tu devrais lever la jambe », « On voit ton bout de sein », « Non, là ça te fait un gros fessier », ou encore « Là, c'est vulgaire, laisse tomber cette position », etc.

Pendant l'une de leurs nombreuses pauses, Anne raconta à Sabine une conversation qu'elle avait eue avec l'un de ses amis.

– Est-ce que tu sais ce que recherche un homme ? lança Anne en guise d'introduction.

– Oui, je pense, répondit Sabine. Une nana qui ne lui prenne pas la tête, pas trop conne et qui fasse bien l'amour.

– Oui, tu n'es pas si éloignée de la vérité, rigola Anne. Selon Jonathan, la femme idéale est mignonne et intelligente, elle prend des initiatives, elle fait l'amour comme une reine… J'ai bien dit « elle fait l'amour », tu comprendras la nuance ! plaisanta Anne. Elle n'est pas chiante ni prise de tête. Elle est sportive quand le gars est sportif. Elle prend soin d'elle et de son chez-soi, sans pour autant se transformer en femme de ménage. Elle sait cuisiner mais ne doit pas faire la popote tous les jours. Elle a bon goût en matière vestimentaire, et surtout elle est coquine…

Sabine l'arrêta :

– Oui, bon, OK, rien d'extraordinaire : c'est tout nous !

– Attends, je n'ai pas fini, dit Anne, reprenant la parole. La femme idéale, c'est aussi… même si tous les hommes sont d'accord pour dire que c'est relativement subjectif, comme la beauté d'ailleurs… une nana autonome, ambitieuse, attentionnée, créative, qui a des idées originales et, en même temps, qui a les pieds sur terre, qui se montre réaliste, qui sait où sont ses priorités, c'est-à-dire toutes portées sur lui !… non, là, je plaisante… qui sait surprendre ceux qu'elle aime, qui est cultivée et suffisamment ouverte d'esprit et curieuse pour s'intéresser à des choses qui sortent de son environnement direct, qui est une bonne mère, une femme accomplie mais aussi une femme-enfant. Un vrai couteau suisse, en somme !

— Qu'est-ce qu'on entend par « femme-enfant » ? interrogea Sabine.

— Alors, une femme-enfant, c'est une nana qui a besoin d'être guidée dans ses choix. Il lui faut quelqu'un qui la rassure et la conforte dans ses décisions. Une femme-enfant ne mettra pas à exécution ses projets si son entourage ne l'y encourage pas et n'est pas d'accord avec elle. Ce n'est pas une femme entreprenante.

— D'accord. Merci. Eh bien, avec tout ça, nous sommes mal barrées.

— Mais non, répondit Anne, parce qu'après m'avoir dit tout ça, Jonathan a ajouté que la femme idéale est aussi celle qui s'épanouit dans son couple, ce qu'il ne faut pas confondre avec le fait d'être dépendante de son conjoint. La femme idéale est belle par ce qu'elle renvoie : son sourire, sa gaieté, son enthousiasme. Bref, elle doit rayonner ! À l'inverse, les pires défauts que les hommes ne veulent surtout pas trouver chez une femme, c'est qu'elle soit molle, égoïste, attentiste, jamais contente de ce qu'elle a, qui se plaint sans arrêt et qui en veut toujours plus. Sans compter que si elle ne fait pas VRAIMENT l'amour, ce n'est même pas la peine d'y penser.

— Stop ! J'en ai assez entendu. On poursuit les séries de photos. C'est à moi, non ?

— OK, je vois que tu te retrouves complètement dans mes propos.

— Oui, c'est ça. Et la marmotte, elle met aussi le chocolat dans le papier alu ! plaisanta Sabine.

— Allez, je vais te sortir le grand jeu, ma chérie ! annonça Anne. Entre filles, il y a toujours matière à s'amuser et à papoter. Je serais curieuse de savoir ce que font les hommes quand ils sont entre eux, se questionna Anne.

– Eh bien, moi, je crois que je ne voudrais pas savoir, releva Sabine. Car j'ai bien peur de connaître déjà leurs activités préférées : télévision, bière, discussions entre potes au sujet des voitures, des motos, du sport et des filles, quand ils ne passent pas tout leur temps sur la console de jeux pour les moins matures !

***

Anne s'ennuyait. Son boulot était terminé et son dîner de ce soir annulé à la dernière minute pour cause de « mauvaise gestion de la journée de travail »... Elle détestait cela. Celui-là pouvait toujours revenir à la charge, elle trouverait un prétexte pour ne pas être disponible ou, mieux, elle lui dirait ce qu'elle pensait de son comportement. On n'annule pas deux heures avant un rencard, surtout si c'est une première fois.

Elle ouvrit son application Tinder et laissa faire la magie... Une fille nommée Sandrine était proposée dans ses contacts. Elle la lika.

« Après tout, on ne rencontre pas que des hommes sur des sites de rencontres », pensa Anne qui avait sa propre vision des choses à ce sujet.

D'ailleurs, elle avait mis dans ses paramètres de départ « *Recherche hommes et femmes* » et s'en était expliquée sur son profil : « *Jeune femme cherche à faire des rencontres d'hommes et de femmes pour élargir son cercle de connaissances.* »

Elle s'était dit que certaines femmes se trouvant sur les sites de rencontres seraient peut-être comme elle, c'est-à-dire pas fermées à l'idée de se faire une sortie avec une nana, en dehors des amies habituelles, afin de s'ouvrir à de nouveaux horizons... en tout bien tout honneur, bien évidemment. Elle avait certes eu quelques déconvenues, mais qui n'avaient pas été déplaisantes. Après tout, il était flatteur d'attirer les hommes et les femmes, mais Anne était définitivement hétéro et ne cherchait pas à expérimenter, pour le moment en tout cas, cette autre facette de la sexualité. Un jour peut-être ! En attendant, elle mit les choses au clair avec Sandrine dès le début.

Elle lui écrivit :

« *Bonjour, Sandrine. Je m'appelle Anne, je vis dans les Yvelines et j'aimerais rencontrer (en plus des hommes ☺) des femmes pour discuter, sortir et, pourquoi pas, envisager une amitié. Je ne suis pas bi.* »

Sandrine répondit une heure après l'envoi de son message :

« *Bonjour, Anne. Je suis ravie d'avoir ton like, bien que ce soit une première pour moi. Je n'ai pas dû bien configurer mon Tinder ! Lol. Mais pourquoi pas. Je suis ouverte à l'idée de discuter.* »

Les filles se racontèrent leurs histoires respectives qui se ressemblaient sur beaucoup de points, comme bien souvent, avec la même finalité : un mariage, des enfants, une séparation, un divorce et la recherche d'une nouvelle vie.

Elles décidèrent d'aller boire un verre pour poursuivre leur discussion.

Quelques jours plus tard, Anne et Sandrine se rejoignirent dans un pub appelé *Le Bureau*, qui faisait des cocktails très sympas, des salades et des hamburgers à tomber par terre. Sandrine habitait à quarante minutes de chez Anne, elles avaient donc convenu d'un lieu de rendez-vous à mi-parcours.

— Es-tu Anne ?

— Oui, et toi Sandrine ?

— C'est ça. Enchantée.

Les filles se firent la bise. Le serveur arriva à leur hauteur et leur demanda :

– C'est pour boire un verre ou pour dîner ?

Les filles se regardèrent. Anne s'enquit auprès de Sandrine :

– Tu as quelque chose de prévu après ?

– Non, répondit Sandrine.

– Très bien.

Anne indiqua donc au serveur :

– Pour dîner s'il vous plaît.

Il les guida vers une table pour deux et leur remit les menus et la carte des cocktails.

Sandrine prit la parole :

– Je suis contente de faire ta connaissance et, en même temps, je ne sais pas à quoi m'attendre.

Anne la mit à l'aise ; elle n'était pas plus aguerrie qu'elle, mais néanmoins elle lui dit :

– T'inquiète ! Au moins, avec moi, tu as la certitude que je ne vais pas te sauter dessus à la sortie du restaurant, car je suis entièrement et définitivement hétéro.

Les filles rigolèrent et le courant passa très bien pendant tout le repas.

– As-tu fait d'autres rencontres de filles ? lui demanda Sandrine.

– Oui, deux, répondit Anne.

– Je t'avoue que c'est un pur hasard pour moi. Je ne pensais pas rencontrer des filles par ce biais, précisa Sandrine.

– Je sais, lui répondit Anne en souriant. Les autres filles dont j'ai fait la connaissance sur cette application, Annabelle et Ève, m'ont dit la même chose. Annabelle, je ne l'ai vue que trois fois en un an mais on s'entend très bien. Nous habitons loin l'une de l'autre et son emploi du temps est assez chargé. Quant à Ève, je la vois régulièrement, environ une fois tous les deux mois. Elle travaille sur deux régions différentes, alors ce n'est pas toujours facile de se rencarder, mais on s'écrit ou on s'appelle régulièrement pour papoter.

— C'est fou ça, conclut Sandrine.

— Je ne dis pas que contacter des filles sur un site de rencontres marche à tous les coups pour se faire de nouvelles amies. D'ailleurs, certaines femmes m'ont fait des propositions autres qu'amicales, bien que j'aie expliqué sur mon profil que ce n'était pas ce que je recherchais. Mais, une fois que j'ai mis les choses au clair, elles n'ont pas insisté et sont probablement allées courtiser d'autres nanas, plaisanta Anne. J'ai même discuté une fois avec un transsexuel et je t'assure que, sur les photos, c'était loin d'être évident de voir que ce n'était pas une femme.

— Tu ne l'as pas rencontré ? demanda Sandrine.

— Non, j'avoue que, même si j'ai l'esprit très ouvert, cette situation me gênait. Si j'avais fait sa connaissance dans la vie de tous les jours, lors d'une sortie ou par le biais d'amis, cela ne m'aurait pas posé de problème. Mais, comme cela s'est passé sur un site de rencontres, je me suis méfiée, à tort sûrement, si bien que je n'ai pas donné suite.

— Je comprends, j'aurais sans doute fait la même chose. Tu as fait d'autres rencontres atypiques de ce genre ?

— Oui, une fois, j'ai été contactée par un homme qui m'a demandé de l'initier aux hommes.

— Aux hommes ? Je ne comprends pas, s'étonna Sandrine.

— Eh bien, le monsieur était, je pense, en passe de changer de bord et il voulait avoir une relation avec une femme et un gode-ceinture pour vérifier que cette façon de faire l'amour lui plaisait, avant d'avoir des rapports avec des hommes.

– La vache ! s'exclama Sandrine.

– Oui.

– Et alors ?

– Alors non ! rigola Anne. Je n'ai pas accepté de lui rendre ce service, mais j'ai écouté ce monsieur jusqu'au bout et il m'a remerciée de ne pas l'avoir jugé, ni éjecté de l'application dès qu'il avait commencé à m'expliquer sa requête.

– C'est dingue.

– Tu n'as pas eu de propositions bizarres, toi ? la questionna Anne.

– Aussi bizarres ou du moins aussi peu courantes que celles que l'on t'a faites, non. Mais j'ai été approchée par des hommes qui recherchaient une tierce personne pour agrémenter leur vie de couple, par exemple.

– Ah oui ? Il en faut pour tous les goûts et, manifestement, il y a de tout dans ce monde de fous, se moqua Anne. Raconte-moi.

– Eh bien, c'étaient des hommes… et même une fois une femme… en quête d'une demoiselle qui accepterait de se joindre à leur couple pour s'adonner à des jeux sexuels.

– As-tu accepté, sans vouloir être indiscrète ? demanda Anne.

Les deux filles étaient sur la même longueur d'onde, et Sandrine se sentait à l'aise avec Anne. Et puis, il faut dire qu'il nous est souvent plus facile de nous confier à un inconnu, qui ne connaît personne de notre entourage, qu'à nos propres amis, surtout sur ce genre de sujet. Aussi, Sandrine se lança :

– J'ai accepté une fois.

– D'accord. Et c'était bien ?

— Oui, très bien. Le monsieur me plaisait beaucoup déjà, c'est lui qui m'avait contactée. C'étaient des jeunes de trente et trente-deux ans, et la femme était aussi très jolie. Je suis allée chez eux. Nous avons bu un verre, discuté, bu un autre verre, grignoté un morceau, et c'est la femme qui a pris les choses en main pour la suite de la soirée, afin que je me détende un peu. J'étais une débutante, je ne connaissais rien à l'amour à plusieurs.

— C'est parfait tout ça.

— C'était une expérience sympa. À l'époque, je ressentais le besoin de sortir de ma zone de confort et de tester de nouvelles choses.

— Tu recommencerais ?

— Pourquoi pas, mais ce n'est pas ce que je recherche. Moi, je veux un homme qui ne soit qu'à moi, plaisanta-t-elle. Et puis, tu sais, au cours de cette expérience, je n'ai pas été proactive avec l'autre femme ; je me suis laissé faire et je ne l'ai pas vraiment touchée. Je ne crois pas en être capable. En plus, dans le polyamour, il y a beaucoup de codes à connaître.

— Ah bon ? Quel genre de codes ? demanda Anne.

— Le couple m'a expliqué qu'ils fréquentaient aussi des clubs… des clubs libertins… et qu'il y avait des règles à respecter. Par exemple, tu ne dois jamais accepter la proposition d'un homme, même dans les espaces réservés à ces pratiques, si tu n'as pas l'aval de sa compagne. Autrement dit, il faut toujours chercher la femme qui va avec l'homme, si bien sûr il n'est pas venu seul.

— Cela me semble couler de source, non ? demanda Anne.

— D'après ce qu'ils m'ont dit, non, pas toujours.

— Quoi d'autre ? insista Anne qui trouvait ces détails très amusants.

— Tu dois te mettre d'accord avec ton conjoint sur ce que chacun accepte que l'autre fasse. Par exemple, si tu ne veux pas que ton compagnon embrasse une autre femme, c'est mieux que tu le préviennes avant, plutôt que de le lui dire sur le fait ou de lui faire une scène à ce sujet dès votre retour à la maison. Idem, ton mec doit te signaler s'il veut bien qu'un autre homme te touche ou non. Et il faut toujours que tu restes sur tes gardes car, apparemment, dans ce genre de soirées, certains gars se montrent un peu trop téméraires et ne demandent pas la permission avant de tenter une approche. En gros, ils te touchent direct et, si tu les laisses faire, ils estiment qu'ils ont ton accord et continuent, et ce n'est pas toujours facile de leur faire comprendre que tu ne veux pas qu'ils aillent plus loin. C'est pourquoi il est plus prudent que ton garde du corps de mari reste non loin de toi : il te suffira alors de lui faire les gros yeux pour qu'il comprenne que tu souhaites qu'il intervienne, afin de chasser l'importun.

– Et il lui met son poing dans la figure ? s'amusa Anne.

– Non ! Tu es rigolote ! Il lui dit, en gentleman : « Je vous remercie de l'attention que vous prêtez à ma femme mais nous ne sommes pas intéressés. »

Les filles rirent de bon cœur, puis observèrent la salle autour d'elles. Il y avait de tout : des couples, des anciens, des tables de filles et des tables de garçons.

– Tu crois qu'il est encore possible de faire des rencontres dites « naturelles » ? demanda Sandrine.

– Oui, bien sûr. Mais je pense aussi que, dans dix ans, un couple sur deux se sera formé par le biais d'un site de rencontres.

– Tu as raison, je le pense aussi, répliqua Sandrine.

– Nous sommes tellement accaparés par notre travail et notre vie de famille que nous ne regardons plus autour de nous, précisa Anne. Ce que j'adore avec ces sites, c'est que tu peux rencontrer des gens que tu n'aurais jamais croisés autrement, car ils ne sont pas du tout de ta région, ne bossent pas dans le même domaine professionnel que toi ou ne partagent pas tes centres d'intérêt.

Sandrine acquiesça et commenta :

— C'est vrai que, sur ce point, c'est très pratique.

— Bien sûr, reprit Anne, il y a du tri à faire, car nous, les filles, sommes très sollicitées. Il faut dire que, malheureusement pour ces messieurs, il y a moins de femmes que d'hommes sur ces sites. Nous avons l'avantage d'avoir le choix, contrairement aux mecs. Après, c'est à toi de t'assurer, quand un homme entre en contact avec toi, qu'il souhaite la même chose que toi. Mais ce n'est pas si difficile car, bien souvent, lorsque tu entames une discussion, une des premières questions posées est : « Tu recherches quoi ici ? », sous-entendu : « Une relation sérieuse ou quelqu'un avec qui t'amuser ? »

— Oui, et j'irais même plus loin concernant la diversité des gens que nous fréquentons, ajouta Sandrine. Ces applications nous permettent de nous ouvrir à d'autres catégories de population, car j'ai remarqué qu'à notre âge, dans la vraie vie, nous avons tendance à nous entourer de personnes appartenant à notre milieu social et ayant reçu la même éducation que nous.

— Ce n'est pas faux, approuva Anne.

— Il y a des exceptions bien évidemment, mais les choses se passent généralement ainsi. Alors, quel homme choisis-tu dans l'assemblée ? plaisanta Sandrine.

— Aucun, malheureusement. Il faudra que nous revenions un autre soir.

— Avec plaisir, rétorqua Sandrine.

Les deux jeunes femmes terminèrent leurs verres et leurs plats, puis se quittèrent pour rentrer chacune chez elles. Demain, il faudrait retourner au boulot.

C'est pour des rencontres comme celle-ci qu'Anne gardait l'application du site de rencontres. Elle avait bien eu quelques mauvaises surprises : des rencards où elle s'était ennuyée. Mais, dans l'ensemble, il s'agissait de bonnes expériences. Et puis, quoi de mieux qu'un dîner en compagnie de quelqu'un avec qui elle pouvait discuter pour combler ses soirées sans enfants ? Anne ne faisait pas partie de ces gens esseulés qui se laissent aller à la maison devant un film. Elle aimait sortir et rencontrer du monde. C'est pour cette raison que, lorsque ses copines n'étaient pas disponibles, et pour varier aussi, il lui plaisait de faire la connaissance d'étrangers, tout en faisant attention aux profils des personnes qu'elle voyait. Elle ne faisait jamais les choses de manière irréfléchie. Les temps avaient changé et elle voulait éviter de tomber sur un cinglé.

***

Jessica et Claire étaient en mode « shopping » aujourd'hui. La semaine avait été rude pour Claire qui avait dû se faire violence pour ne pas répondre à Paul qui lui avait envoyé des dizaines de messages. Quant à Jessica, elle avait eu pareillement une dure semaine, mais elle, c'était à cause de ses enfants, surtout l'une de ses filles qui avait des problèmes de comportement à l'école, à tel point que celle-ci était à deux doigts de se faire expulser de son établissement… à cinq ans ! Cette situation n'était pas plaisante à gérer pour Jessica qui avait dû organiser un conciliabule à trois, avec le papa et sa fille, afin d'avoir une bonne explication. Mais la jeune rebelle entendait bien n'en faire qu'à sa tête.

Jessica et Claire se dirigèrent vers les Halles de Châtelet à Paris. Au moins, elles auraient l'embarras du choix entre les boutiques de vêtements, de chaussures, de déco et de bric-à-brac. Il y avait du monde en cette période de soldes, mais ce n'était pas grave. Elles étaient suffisamment remontées et prêtes à en découdre pour pouvoir jouer des coudes, s'il le fallait, afin d'obtenir les articles sur lesquels elles jetteraient leur dévolu. Après un premier magasin infructueux, les filles décidèrent d'entrer dans une boutique de lingerie. Claire glana au moins six ensembles de sous-vêtements. Jessica, elle, n'en prit que deux. Elles s'installèrent dans des cabines d'essayage voisines.

– As-tu mis ton premier ensemble ? demanda Claire qui avait fini d'enfiler le sien.

– Non, pas encore. Pourquoi ?

– Tu pourrais me donner ton avis ?

– Bien sûr.

Claire fit entrer Jessica dans sa cabine qui était assez grande pour les accueillir toutes les deux.

– Ça te va comme un gant, commenta Jessica. C'est très sexy. Tu en penses quoi, toi ?

– Mouais, je ne suis pas convaincue. Ça m'écrase la poitrine, non ?

– Euh, je suis désolée de te contredire, mais non, répondit Jessica.

– Ah !

Et elles partirent dans un fou rire qui ne devait pas être du goût des vendeuses postées dehors et des clientes qui attendaient leur tour en trépignant pour accéder à une cabine d'essayage, car elles les entendirent râler.

Quelques boutiques plus tard, les filles s'installèrent dans un bar car elles avaient grand besoin de se rafraîchir après cette matinée de shopping aussi fatigante qu'une journée de boulot.

– Je suis naze, annonça Jessica.

– Moi aussi, rétorqua Claire. Ça va, toi, à part ça ? Raconte-moi tes amours, ça me fera du bien de t'écouter plutôt que de penser aux miens.

– En es-tu sûre ?

– Certaine. Vas-y, fais-moi mal, plaisanta Claire.

– Très bien. Accroche-toi, avertit Jessica. Eh bien, disons que j'ai trouvé un homme bien… mais qui veut me faire un enfant !

– Un enfant ? s'étrangla Claire. Ça fait longtemps que tu le connais ?

– Non, trois mois.

– Il n'a pas d'enfant ?

– Si.

– Alors, pourquoi ?

– Je ne sais pas mais j'ai bien quatre hypothèses sur le sujet.

– Je t'écoute…

Jessica se lança :

– 1) Il veut un autre enfant, tout simplement, et m'aime assez pour envisager de le faire avec moi. 2) C'est une manière de sceller notre couple, le bébé étant une sorte de trait d'union entre nous mais aussi entre nos enfants respectifs, et peut-être entre nos familles ensuite, dont le rapprochement sera facilité par l'existence de ce nourrisson. 3) Il souhaite me prouver la sincérité de ses sentiments pour moi. 4) C'est un stratagème pour me garder auprès de lui durant les vingt prochaines années, plaisanta Jessica.

– Et toi, tu veux quoi dans l'histoire ? demanda Claire.

– Je ne voulais pas d'autre enfant.

— Tu ne voulais pas ? Tu utilises l'imparfait ? Ça veut dire que tu as changé d'avis ?

— Je suis paumée, en fait. Non, je ne veux pas d'autre enfant mais je me dis que je dois y réfléchir maintenant, car si je me réveille dans deux ans avec l'idée inverse, il sera trop tard.

— Non, ce ne sera pas trop tard ! Tu exagères !

— Bien sûr que si ! J'aurai quarante ans, bichette. Avoir un gosse à cet âge-là est plus dur à gérer, plus fatigant, plus... Non, décidément, je ne veux pas d'autre enfant, parce que j'ai envie de penser à moi désormais. J'en ai déjà deux, et elles sont encore petites. Lorsqu'elles seront un peu plus grandes, je compte bien en profiter, pour voyager par exemple. Je veux vivre pour moi et pour mon couple.

— Ce n'est pas incompatible.

— Pardon de te reprendre, Claire, mais si, bien au contraire ! Avoir un enfant aujourd'hui serait très « bridant » pour l'avenir. Et puis, il faut pouvoir assurer financièrement. J'en ai déjà deux que je vais avoir à ma charge pendant encore quelques années. Il va falloir que je paie leurs études, un appartement à Tataouine-les-Bains le temps de leur scolarité, leur permis de conduire et éventuellement une voiture si elles en ont besoin pour aller travailler... Tout ça coûte beaucoup d'argent et, même si je gagne bien ma vie, je ne veux pas engloutir toutes mes économies pour elles. Alors, qu'est-ce que ça serait avec un troisième enfant ? Et puis, où est notre couple dans tout ça ? Et moi ?

— D'accord, acquiesça Claire qui n'était pas convaincue. Je ne partage pas ce point de vue mais je n'ai pas d'enfant, ajouta-t-elle. Moi, j'ai bien vécu jusqu'à maintenant et j'aimerais bien désormais avoir des enfants à câliner. Mais bon, il faudrait déjà que je trouve un homme normal un jour, bien sûr.

– Je te prête mes gamines si tu veux, plaisanta Jessica. Tu le trouveras, ton prince charmant, ma bichette, j'en suis certaine, la réconforta-t-elle. Une femme comme toi, belle, intelligente et douce à la fois, ne peut que trouver chaussure à son pied… enfin, un homme !

– Mouais. On verra ça.

Jessica tenta d'avancer un dernier argument pour faire comprendre à son amie pourquoi elle n'était pas emballée par l'idée d'être de nouveau maman :

– Pour en revenir à notre discussion, avoir un autre enfant aujourd'hui signifierait, pour moi, être de nouveau bloquée à la maison et être contrainte de limiter les sorties avec mes amis. Et je dis ça alors que j'adore mes filles. Si c'était à refaire, je referais tout de la même manière. Mais, maintenant qu'elles ont grandi et qu'elles seront bientôt autonomes, j'aspire à autre chose, car j'ai bien vu à quel point l'éducation des enfants peut être un élément destructeur pour un couple. En définitive, mon ex-mari et moi avons oublié, sans nous en rendre compte, de nous aimer. Nous nous aimions à travers les jumelles et nous pensions que c'était suffisant. Nous nous occupions beaucoup d'elles, à tel point que nous avons mis notre couple au second plan et n'avons pas assez pris soin de nous.

– Si tu le dis, lui accorda Claire, toujours dubitative, avant d'ajouter : Tu sembles croire que l'amour que vous portiez à vos enfants s'est substitué à celui que vous éprouviez l'un pour l'autre, mais je ne pense pas que ce soit possible car ce sont des sentiments bien trop différents à mon sens.

– Mouais, peut-être. En tout cas, il y a un risque pour que le couple ne résiste pas à l'arrivée d'un enfant, et je ne suis pas certaine de vouloir tenter de nouveau le diable. La vie est belle aujourd'hui ! Pourquoi vouloir bouleverser un équilibre qui fonctionne bien ?

— Parce que l'amour donne des ailes ! D'ailleurs, contrairement à toi, le monsieur en question semble visiblement penser que vous pourriez être encore plus heureux si vous aviez un enfant ensemble, comme un cadeau supplémentaire.

— Admettons…

Les filles restèrent quelques minutes pensives, sans rien se dire. Elles observaient les tables voisines quand Jessica lui demanda tout à coup :

— Tu as vu cette femme là-bas ?

— La dame en jupe ?

— Oui. Je n'oserais pas m'habiller ainsi.

— Ah bon ? la taquina Claire.

— Même en soirée, je ne me sentirais pas à l'aise avec une telle tenue. C'est un peu provocant, non ? lui dit Jessica.

— Oui, en effet. C'est l'association minijupe et cuissardes qui est un peu « too much ». Les cuissardes, c'est très joli, mais le rendu n'est pas le même sur toutes les femmes. En l'occurrence, sur celle-ci, le résultat n'est malheureusement pas très probant.

— Bon, allez, on va bientôt se transformer en commères si on reste ici plus longtemps ! On rentre ? demanda Jessica.

— Oui, c'est parti.

— Oooooooh, je ne sens plus mes jambes ! geignit Jessica en se relevant difficilement.

— Ce n'est pas mieux pour moi, enchérit Claire.

Les filles reprirent le chemin du métro, tant bien que mal, et chacune rentra chez elle avec ses achats du jour.

Direction leurs lits !

***

La déconvenue amoureuse de Claire avait secoué tout le groupe d'amies. Elles avaient toutes des relations, plus ou moins sérieuses, et seule Claire ne tirait pas son épingle du jeu. Elle était pourtant belle, intelligente et plutôt sociable. Mais elle restait désespérément célibataire. Il faut dire qu'à chaque fois elle tombait sur des types, pourtant beaux garçons et loin d'être bêtes, qui se révélaient être de grands goujats. Non, vraiment, elle n'avait pas de chance de ce côté-là. Les filles réfléchissaient donc à ce qu'elles pourraient faire pour lui remonter le moral, et une idée ne tarda pas à émerger.

Lors d'une soirée improvisée chez Anne, les quatre filles décidèrent de partir une semaine, ou du moins cinq petits jours, au soleil ensemble. Elles réservèrent un hôtel à Palma de Majorque ; l'établissement était bien situé, près de la plage et des boîtes de nuit qui longeaient le bord de mer. C'était une région réputée pour ses fêtes mais aussi pour ses débordements. Peu importe ! De toute façon, elles ne comptaient pas passer leurs vacances à se reposer. Elles voulaient avant tout se dépayser et sortir de leur quotidien. D'après ce qu'elles avaient pu glaner sur Internet, il y avait de gigantesques toboggans, des transats étaient installés partout, et la musique se faisait entendre dès dix heures du matin et pendant toute la journée. De quoi allier repos, danse, bronzage et rencontres. Ce serait pour elles une deuxième jeunesse !

Le jour du départ arriva bientôt. Elles atterrirent à Palma vers treize heures, après deux heures de vol, et prirent un bus pour rejoindre leur hôtel, où elles durent déposer leurs valises à la bagagerie car les chambres n'étaient disponibles qu'à partir de quinze heures.

— On va manger ? proposa Anne.

— Je n'ai pas faim, répondit Sabine.

— Moi non plus, ajouta Claire.

— Moi, je te suis, lui dit Jessica, réalisant que sa copine dépérissait à vue d'œil à l'idée de sauter un repas.

— Très bien, se réjouit Anne. On va longer la rue qui mène à la plage et on trouvera bien un endroit où se restaurer pour certaines et boire un verre pour les autres. Tout le monde est d'accord ?

Elles acquiescèrent de bon cœur. Et les voici parties dans une ville qu'aucune d'elles ne connaissait. Il y avait beaucoup de petites boutiques qui toutes présentaient les mêmes produits en devanture : des tee-shirts à l'effigie des « Minions » - c'était la mode du moment - ou de foot, des maillots de bain, des paréos, des claquettes et des crèmes solaires. Elles virent qu'il y avait plusieurs bars-restaurants d'ouverts, tous bien remplis.

— On s'arrête là ? demanda Anne. Nous pouvons nous installer en terrasse et la carte semble appétissante.

— Oui, allons-y, lui répondit Sabine qui connaissait bien son amie. Tu es un vrai ventre sur pattes, c'est impressionnant. Ce n'est pas juste pour celles qui ne mangent rien et qui prennent quand même du poids !

— Eh ! Je fais du sport tous les jours, lui objecta Anne.

— Mouais. Pour ma part, même si je faisais autant de sport que toi, je n'éliminerais que la moitié de tout ce que tu manges.

— Nous ne sommes pas égales devant la nourriture, c'est tout ! lui dit Anne.

— Ça, c'est sûr.

Les filles s'assirent à une table de quatre et commandèrent à boire, des cocktails sans alcool pour commencer sobrement leurs vacances, et deux omelettes complètes du pays pour Jessica et Anne.

À quinze heures, elles se levèrent et retournèrent à leur hôtel pour prendre possession de leurs deux chambres : l'une serait partagée par Jessica et Claire, l'autre par Anne et Sabine.

– Bon, on commence par quoi ? demanda Jessica, munie d'un bouquin et qui arborait déjà son maillot de bain et ses sandalettes.

Elles avaient juste eu le temps de déposer leurs valises et de se changer que déjà Jessica les tannait pour descendre à la piscine.

– Par les transats, voyons ! répondit Anne gaiement.

Après avoir fait à pied le tour de l'hôtel qui était gigantesque, elles trouvèrent quatre transats libres au bord de l'une des piscines. Il n'y avait pas moins de trois très grandes piscines dans ce complexe hôtelier. En temps normal, si elles étaient parties en famille, elles n'auraient pas choisi un établissement aussi immense, qui n'avait rien de reposant, mais, pour ces vacances entre filles, elles avaient envie de faire la fête et de rencontrer du monde. Cerise sur le gâteau, cet hôtel était interdit aux moins de dix-huit ans !

– C'est fou ! s'exclama Sabine. Je ne savais pas qu'il existait des hôtels comme ça, que pour les adultes ! J'avais entendu dire que le Club Med proposait ce type de séjour mais, à mon sens, c'était plutôt réservé aux jeunes adultes. Là, il y a des anciens, des quinquagénaires, des quadragénaires et des plus jeunes, mais pas de mômes.

– Moi, je peux te dire que je connaissais très bien les hôtels de ce genre, intervint Claire. Ces établissements sans gamins sont aussi faits pour les gens qui n'en ont pas. Car, quand tu n'as pas d'enfant toi-même, je peux t'assurer que ce n'est pas très plaisant d'entendre crier, pleurer et geindre à longueur de journée.

– Tu m'étonnes ! sourit Anne. Je n'avais jamais remarqué à

quel point c'était calme sans enfants. Je n'avais jamais testé ce concept, moi non plus.

— À mon avis, prévint Sabine, c'est calme la journée et bruyant le soir.

— Oui, je le pense aussi, acquiesça Jessica.

— Dis donc, Claire, lui demanda Anne, qu'est-ce que tu lis ?

— Euh... un peu de lecture en retard pour le travail, c'est tout.

— On est en vacances ! la gronda-t-elle. Tu ne vas pas nous faire un remake d'un de ces films où l'on voit une nana qui n'arrive pas à décrocher de son boulot alors qu'elle est à la plage ?!

— Non, répondit Claire, toute penaude.

L'attente à l'aéroport, le vol en avion et le trajet en bus avaient eu raison d'elles ; elles étaient fatiguées et trois d'entre elles se laissèrent aller à une petite sieste sur leurs transats. Seule Claire resta éveillée et profita de ces derniers moments de calme pour finir les lectures professionnelles qu'elle avait emportées.

Le soir venu, elles regagnèrent leurs chambres pour se changer, puis se dirigèrent vers le buffet du seul restaurant de l'hôtel, qui lui aussi était très grand, se composant d'un espace intérieur et d'une partie en terrasse près des piscines. Il faisait encore bon, elles optèrent donc pour la terrasse. Deux employés du restaurant vérifiaient que les clients arboraient bien à leur poignet le bracelet de couleur qui leur avait été remis à leur arrivée à l'hôtel. Cette semaine-là, les bracelets étaient de couleur bleu turquoise.

Le grand buffet était déjà ouvert. Chacune s'y servit avec gourmandise, piochant un peu de tout. Puis, elles s'installèrent toutes les quatre, mais elles remarquèrent que certaines tables étaient de configuration plus grande pour permettre aux gens de faire connaissance pendant les dîners. Elles opteraient sans doute pour ces dernières lors des prochains repas.

Une fois repues, elles s'attardèrent à leur table, sirotant un café ou un thé, et commencèrent à voir de nombreuses personnes se diriger vers l'une des sorties de l'hôtel. Anne demanda à l'un des clients de la table voisine :

– Excusez-moi, bonsoir. Est-ce que vous savez où vont tous ces gens ?

Le monsieur en question, un jeune homme de trente-cinq ans environ, lui répondit :

– Ils vont dans l'une des boîtes de nuit qui se trouvent à deux rues d'ici.

– Et ils s'y rendent tous les soirs ?

– Il me semble que oui, du moins pour beaucoup d'entre eux. Nous retrouvons souvent les mêmes têtes lors des soirées. Avec votre bracelet, vous avez des entrées gratuites jusqu'à minuit tous les jours dans toutes les discothèques du coin. C'est compris dans le prix de votre chambre d'hôtel.

– Je vous remercie, lui dit Anne en lui adressant un grand sourire.

Elle se retourna vers ses amies et leur demanda :

– On va danser ?

– Ce soir ? s'étonna Sabine.

– Oui, ce soir, et demain et après-demain et après-après-demain, ajouta Anne.

– Je vois.

– Allez !... Nous sommes venues pour nous amuser un peu, alors autant commencer maintenant. Je vous rappelle que nous n'avons que cinq jours.

– Quatre dans une heure, rebondit Jessica qui était partante.

— OK, acquiesça Claire. Le temps de passer un autre pantalon et je suis prête. C'est bon pour moi.

Les filles sortirent de table et repassèrent par les chambres pour se refaire une beauté. La soirée pouvait démarrer !

Arrivées à l'une des boîtes de nuit qui se situaient à proximité de l'hôtel, comme le leur avait indiqué le jeune homme, les filles constatèrent qu'il y avait déjà du monde sur la piste de danse. Il était minuit et, sur les podiums, se déhanchaient, à droite, deux femmes vêtues de la même tenue dénudée rouge avec de grands talons et, à gauche, deux hommes habillés en costume de marin. Ils se trémoussaient et, depuis leurs estrades, distribuaient à boire directement dans la bouche des vacanciers.

— Je crois que l'on va bien s'amuser, dit joyeusement Jessica.

— Cela me semble pas mal du tout, ajouta Claire.

Elles dansèrent une bonne partie de la nuit, et Jessica se fit draguer par un jeune homme de presque son âge... à quelque dix ans près ! Il avait vingt-six ans et se nommait Andy.

— Il est mignon, non ? demanda Jessica à Sabine qui faisait une pause de cinq minutes au bar.

La formule de l'hôtel était parfaite : leurs bracelets leur permettaient non seulement d'entrer gratuitement dans les boîtes de nuit à condition d'y arriver avant minuit, mais aussi de bénéficier d'un accès illimité au bar. Elles pouvaient donc consommer des boissons à volonté jusqu'à quatre heures du matin.

— Il est pas mal du tout, lui répondit Sabine. Et il te regarde depuis que nous sommes arrivées, lui fit-elle remarquer malicieusement.

— Depuis que nous sommes arrivées ? Mais pourquoi tu ne me l'as pas dit, miséricorde ?! Tout ce temps gâché pour rien ! rigola-t-elle.

Et elle repartit en direction de la piste de danse, après avoir laissé un baiser sur la joue de son amie.

Jessica se laissa approcher par le jeune homme, et tous deux rejoignirent les autres filles qui s'amusaient comme des chipies sur le dancefloor. Elles regardaient se dandiner les go-go danseurs qui avaient changé de tenue : après s'être déguisés en marins et en policiers, ils étaient désormais travestis en motards ou en mauvais garçons, mettant le cuir à l'honneur.

Le lendemain matin, ou plutôt le lendemain midi, les filles émergèrent difficilement et se rendirent dans la salle de restaurant où elles purent, à leur grand soulagement, petit-déjeuner, même si les serveurs avaient déjà commencé à désinstaller le buffet du matin et à mettre en place celui du midi pour les pensionnaires qui ne tarderaient pas à venir prendre leur repas. Le café leur fit le plus grand bien.

— C'était sympa hier soir, non ? demanda Anne aux autres filles.

— Oui, génial, répondit Claire.

— Mais où est Jessica ? demanda Sabine à Claire.

— Au lit. Elle est rentrée il y a une heure.

— D'accord, je vois, répliqua Sabine.

Et les filles rigolèrent de bon cœur.

Le petit déjeuner terminé, elles allèrent s'installer sur des transats, le temps que Jessica sorte des bras de Morphée et daigne les rejoindre à la piscine. Elle arriva une heure après, presque toute fraîche.

— Tout va bien, Jessica ? interrogea Claire.

— Oui, très bien, merci.

— Où est ton don Juan ?

— Dans sa chambre, je suppose.

— Il est dans le même hôtel que nous ?

— Non, il est venu avec son club de football. Ils sont logés un peu plus loin.

— Tu commences bien tes vacances, dis donc ! la taquina Anne.

— Il est plutôt gentil, oui, s'amusa Jessica. C'est quoi le programme d'aujourd'hui ? demanda-t-elle à l'assemblée. Le même qu'hier ?

— Non, nous t'attendions pour aller nous promener en bord de mer, si ça te tente, lui dit Claire.

— Plutôt deux fois qu'une, oui ! Je suis des vôtres… et fin prête !

Elles laissèrent leurs serviettes, leurs crèmes et leurs livres sur les transats, le temps de la promenade, et sortirent de l'hôtel pour vadrouiller dans la ville en direction de la mer. Celle-ci était calme, la plage déserte. Ce n'étaient pas les vacances scolaires, ni en France ni en Espagne, ce qui expliquait que ce ne fût pas l'affluence des grands jours. Elles s'arrêtèrent dans un bar. Claire et Sabine se prirent une glace ; Jessica et Anne, une crêpe et une gaufre. Et elles refirent le monde, profitant de cette pause bien agréable.

Les quatre jours restants se ressemblèrent beaucoup : farniente, quelques visites, repos, papotage, sans oublier tous les bons moments passés à boire, manger et danser. Elles avaient bien envisagé de faire du sport mais, faute de temps… et de volonté !… elles n'avaient pu s'y résoudre. Le séjour se passa très bien, mais il était malheureusement déjà temps de rentrer à Paris.

Dans l'avion, les quatre femmes dormaient à poings fermés. Elles étaient épuisées. Leur rythme soutenu, consistant à ne pas dormir la nuit et à se reposer juste quelques heures l'après-midi, avait fini par avoir raison d'elles.

Elles retrouvèrent le ciel gris et maussade de Paris, mais cela n'affecta pas leur bonne humeur. Elles reprirent leur petite vie et leurs habitudes bien vite.

***

Epilogue

Deux années ont défilé au rythme des saisons qui, tout compte fait, pour nos quatre héroïnes, se sont beaucoup ressemblées, bercées par leurs humeurs changeantes, leurs larmes et leurs fous rires, leurs moments passés à la maison ou leurs sorties à l'extérieur, seules ou entre amis.

Anne, Sabine, Claire et Jessica sont quatre femmes mûres qui ne demandent qu'à être aimées… mais pas n'importe comment. Elles ne sont ni malheureuses, ni complètement épanouies. Indépendantes et fortes, elles mènent leurs vies comme bon leur semble, ou presque.

À ce jour, **Anne** est encore seule… officiellement. Elle continue de s'amuser sans retenue, même s'il y a des périodes plus animées que d'autres. Elle rencontre de nouvelles personnes, qu'elle décide de garder ou non dans son entourage, nouant parfois de belles amitiés.

Sabine entretient toujours une relation épisodique avec Sacha. Tantôt elle décide de le quitter, tantôt il lui manque tellement qu'elle s'empresse de retourner dans ses bras. Ils vivent chacun de leur côté mais se voient régulièrement. Elle a du mal à se détacher de lui, même si elle a conscience qu'elle devrait prendre ses distances. Plus le temps passe, moins elle est dupe. Elle sait que cette histoire ne débouchera jamais sur quelque chose de plus sérieux.

En ce qui concerne **Jessica**, elle est toujours hésitante au sujet de la tournure qu'elle souhaite donner à sa relation avec Louis, le garçon qui l'avait chamboulée en affirmant qu'il voulait avoir un enfant avec elle. Louis accepte tant bien que mal son indépendance et la distance qu'elle a instaurée dans leur couple. Il n'est pas trop possessif, ce qui permet à Jessica de profiter des bons côtés de cette histoire. Pourtant, elle réalise peu à peu qu'elle ne souhaite plus de cette vie désinvolte. Alors, qu'est-ce qui la bloque pour s'engager définitivement avec Louis ?

Quant à **Claire**, elle n'entend désormais plus parler de Paul, et Philippe est devenu son meilleur ami et confident. Ils se sont liés d'une solide amitié qui apparemment leur suffit à tous les deux. Mais qui sait si leur relation n'évoluera-t-elle pas ? L'avenir nous le dira.

La vie n'est pas un long fleuve tranquille. D'autres épisodes viendront sûrement s'ajouter à ces quelques histoires et bouleverser le cours de leurs existences. Bien qu'elle-même ne se satisfasse de sa vie aventureuse et sans attaches, les statistiques d'Anne sont formelles : passé deux ans d'errance ou de papillonnage, chaque individu aspire à autre chose qui ressemblerait à de la « stabilité »…

Retrouvez prochainement la suite des aventures de ces quatre drôles de dames 😉.

Anna CHOCOLAT

La vie d'une femme a deux visages

La vie d'une femme a deux visages

Achevé d'imprimer en mars 2024
sur les presses de la Nouvelle Imprimerie
Laballery 58500 Clamecy

Dépôt légal : novembre 2023
N° d'impression : 403544

Imprimé en France

La **N**ouvelle **I**mprimerie **L**aballery est titulaire de la marque Imprim'Vert